Literarische Frauenzimmer

Prosa und Lyrik
von Autorinnen aus der Region

Literarische Frauenzimmer

Prosa und Lyrik
von Autorinnen aus der Region

Casimir Katz Verlag

„Literarische Frauenzimmer" wurde auf umweltfreundliches
FSC® zertifiziertes Frischfaserpapier gedruckt.

MIX
Papier aus verantwor-
tungsvollen Quellen
FSC® C004592

FSC
www.fsc.org

© Casimir Katz Verlag 2021
Umschlaggestaltung: Jörg Schumacher, Gaggenau
Layout: Jörg Schumacher, Gaggenau
Fotografien: Melanie Wieland, Gernsbach
Druck: aprinta druck GmbH, Wemding
ISBN: 978-3-938047-82-8

Vorwort

Schreib-Projekt für Frauen –
„Literarische Frauenzimmer"

Unsere Kreativität war gefordert, als im Frühjahr 2020 die drastischen Einschränkungen durch einen Virus uns zwangen, unseren täglichen Lebensrhythmus komplett umzustellen, und so manche von uns entdeckte ungeahnte Talente, begeisterte sich für eine Beschäftigung, wie zum Beispiel das Schreiben, für die man sich vorher nie die Zeit genommen hätte. So kam mir die Idee zu dem Schreib-Projekt „Literarische Frauenzimmer", bei dem Frauen ermutigt werden sollten, zu schreiben. Biografische Erzählungen, Gedichte und Prosa-Miniaturen über das Frauen-Leben in unserer Region waren dabei genauso gefragt wie Roman-Auszüge oder literarische Erinnerungen. Sie durften sachlich oder poetisch, nachdenklich, berührend, anregend, melancholisch oder fröhlich sein – was bei diesem Projekt zählte, war die Authentizität.

Der Casimir Katz Verlag hat zusammen mit der Volkshochschule Rastatt einen Schreibworkshop mit der Autorin Beate Rygiert organisiert. Im Herbst konnten Frauen dort an zwei Wochenendterminen mit einer erfahrenen Autorin und anderen Gleichgesinnten an ihren Texten arbeiten. Egal, ob sie schon einen fertigen Text in der Schublade hatten oder nur eine Idee, der Kurs richtete sich an Erfahrene wie Anfängerinnen gleichermaßen und sollte kreative Frauen, ob jünger oder älter, ermutigen und dabei unterstützen, ihren künstlerischen Impulsen zu folgen. Dabei entstand auch ein Netzwerk unter den Schreibenden, die sich gegenseitig bei der Bearbeitung ihrer Texte unterstützen konnten. Aus diesem Kurs sind einige Werke entstanden, die bei unserem Wettbewerb eingereicht wurden. Aber auch viele weitere Texte erreichten den Verlag.

Eine kompetent besetzte Jury durfte die 64 eingereichten Beiträge bewerten und die Besten daraus auswählen.

Mein Dank gilt allen, besonders den 16 Autorinnen und den Damen der Jury, die dazu beigetragen haben, dass aus diesem Projekt so ein schönes Buch geworden ist.

Sabine Katz, Casimir Katz Verlag
Gernsbach, im Oktober 2021

Grußwort

Seit jeher werden mehr Bücher von Männern als von Frauen geschrieben. Eine Kehrtwende wird seit Jahrzehnten gesellschaftlich gefordert, bleibt aber bis heute aus, wenngleich vermehrt Frauen mit ihren Werken u.a. beim Deutschen Buchpreis ausgezeichnet werden. Auch wenn Corona in vielen Bereichen katastrophale Folgen mit sich bringt: bei vielen Menschen hat der Lockdown dazu geführt, dass sie sich neuen Projekten und Leidenschaften hingaben. Ein sehr gelungenes Werk aus diesen Monaten ist das Projekt „Literarische Frauenzimmer", das aufzeigt, wie viel Kreativität in jedem von uns steckt. Der Schreibworkshop mit der Autorin Beate Rygiert richtete sich dabei an Frauen mit unterschiedlichen literarischen Erfahrungen.

Dabei war der Zugang zum erfolgreichen Schreiben die Begeisterung, sich mit Literatur zu beschäftigen. Der Mut, die eigenen Gedanken und Geschichten aufzuschreiben und einer breiten Öffentlichkeit zur Verfügung zu stellen, ist sicherlich eine der schwersten Voraussetzungen, die jede einzelne Schriftstellerin aufbringen musste. Das eigene Potential auszuschöpfen und sich damit stets weiterzuentwickeln und sich verwirklichen zu wollen, ist dabei sicher ein wesentlicher Antrieb.

Ich freue mich sehr, für dieses gelungene Werk mein erstes Grußwort als Landrat beisteuern zu dürfen. Den Nachwuchs-Schriftstellerinnen wünsche ich, dass das Schreiben weiterhin ein wichtiger Teil ihres Lebens bleibt, sie auch in Zukunft erfolgreich schreiben und wir zukünftig noch einiges von ihnen lesen werden.

Ihr
Dr. Christian Dusch
Landrat Kreis Rastatt

Inhalt

Isolde Adler

74 Jahre

Kauffrau, seit 2007 im Ruhestand
(Rentnerin)

Isolde Adler

Aufgewachsen bin ich im Badischen. Lesehungrig war ich schon immer. Begonnen hat diese „Sucht" früh, bereits vor der eigentlichen Schulzeit. Auch später, auf meiner großen Afrikareise in den 70er Jahren, kam ich nie ohne Lesestoff aus. Geschrieben habe ich vorerst nur für mich, natürlich ausführlich über meine Auswanderung nach Südafrika mit der großen Rhodesienreise. Die meiste Zeit verbrachte ich als alleinerziehende Mutter mit meinem Sohn. Meine Geschichten erinnern an Alltägliches mit Kind und geliebtem Getier. Doch dieses „Lebensdrehbuch" ist auch Vorschau. An meinen Plänen ließ ich gerne teilhaben, obwohl die Reaktionen darauf oftmals sehr verhalten ausfielen. Denn in der Zeit nach meiner Berufstätigkeit lebte meine Entdeckerfreude wieder auf. Meine Lust am Schreiben stellte sich nach Ausflügen in die Malerei und Musik erneut ein, und so nach und nach begann ich, auch mit Hilfe einiger Ratgeber, kleine Gedichte, Reiseerlebnisse usw. aufzuschreiben.

Nach meiner Rückkehr aus Südafrika verbrachte ich wieder über 20 Jahre in meiner Badischen Heimat. Seit einigen Jahren lebe ich in Frankreich.

Juni 2021

Isolde Adler

Madame Lamère –
Im Blick des Adlers

Madame Lamère lebt an der Côte de Granite Rose, im Norden von Frankreich, in der Bretagne. Sie liebt es, früh schon auf der Terrasse zu sitzen, in einem verwitterten Korbsessel, um den kühlen Morgen zu begrüßen. Ein Ritual, das sie nur unwillig ausfallen lässt. Sie schaut auf die grau-weißen Steinhäuser in ihrer Umgebung, mit ihren typischen Kaminen rechts und links an den Seiten. Davor drängen sich prächtige Hortensienbüsche an die Hauswände. Sie überwuchern geradezu die Vorgärten, so üppig sind sie. Im Schutz der Häuser trotzen sie den Gewalten des Meeres, dem sie nicht zuletzt auch ihre grandiose Farbenpracht verdanken; von zartem rosa bis hin zum dunkelsten blau. Wunderschön! Doch nicht nur die Hortensien sind dem Sturm ausgeliefert, der vom Ozean herüber peitscht. Gräser und kleinere Gehölze werden ebenso von ihm hin- und hergezerrt. Zahlreiche Büsche sind so heftig zerzaust und geknickt, es sieht aus, als würden sie vor ihm in die Knie gehen. Tun sie aber nicht; sie gehören schließlich hierher. Und Vögel sind in dieser Gegend ebenso keine Seltenheit. Es ist ein Vogelparadies, in dem Schutzgebiete für sie eingerichtet sind. Viele Arten haben hier ihr Sommerquartier, welches sie verlassen, sobald die Herbststürme vom Atlantik herannahen. Einige überwintern dann im Süden des Landes. Ausgerechnet Gänse zieht es dahin zum Überwintern; kommen sie doch direkt aus Skandinavien. Madame Lamère schaut ihnen nach, wie sie im Keil-Flug lärmend vorüberziehen. So plötzlich wie sie erscheinen, so schnell sind sie wieder verschwunden; mit viel Geschnatter, das schon bald verstummt.

Sie beschließt, einen Spaziergang zu machen. Entlang der Küste vielleicht oder nur hinüber zu dem Felsen, der weit überhängend ins Meer ragt. Nur nicht zu weit, denkt sie. So, dass sie schnell wieder zu Hause sein würde, falls das Wetter umschlägt. Damit kennt sie sich aus. Sie weiß, mit Wind und Wetter ist hier oben nicht zu spaßen. Madame Lamère geht ins Haus, holt eine Jacke, zieht ihre Schuhe an, die aussehen wie Siebenmeilen-Stiefel, aber recht nützlich sind in dieser steinigen Landschaft. Sie geht ein kleines Stück in Richtung ihres Felsens. Sie nennt ihn deshalb ihren Felsen, weil sie ihn von allen Seiten ihres Hauses sehen kann. Das ist nichts Besonderes, denn ihr bretonisches Häuschen ist klein und der Felsen groß, aber Madame Lamère ist auch klein und somit passt alles wieder zusammen. Wie sie so losstapft, beschleicht sie ein eigenartiges Gefühl, als ob jemand sie beobachtet. Es ist aber kein Mensch da, sie sieht jedenfalls niemanden; nur die unzähligen Möwen kreischen wie immer, und auch die zänkischen Krähen flattern wild umher, wie immer. Dann geht ihr Blick hinauf zu ihrem Felsen. Wer sitzt denn da, wundert sie sich. Den habe ich hier ja noch nie gesehen. Sie wusste sofort, das ist ein Adler; kein Seeadler und auch nicht der kleinere Fischadler. Nein, viel größer, mit braunem Gefieder, das im Licht der Sonne rötlich schimmert. Und er sitzt auch nicht. Er steht auf kurzen, kräftigen Beinen dort in den Felsen und schaut sich die Gegend an. Es ist ein Steinadler. Vielleicht aus den Pyrenäen? Ob er sich hier einen Horst einrichtet, freut sich Madame Lamère. Schön wäre es, sagt sie und winkt dem Adler zu. Beinahe verschämt ruft sie sich zur Ordnung. „Willst du etwa mit dem Adler sprechen?" Nein, das will sie nicht, obwohl sie manchmal mit den Möwen spricht; was aber mehr einem Schimpfen gleicht, weil die immer so frech sind. Madame Lamère geht nach Hause, bereitet sich ihr Abendessen zu und schlummert kurz darauf dem nächsten Tag entgegen. Wie üblich erwacht sie früh.

Entsprechend ihres liebgewordenen Rituals sitzt sie auch schon bald wieder in ihrem Korbsessel und genießt ihren „Café au lait", der in einer großen Schüssel dampft. Man könnte sie auch Tasse nennen, wispert sie und muss ein wenig schmunzeln. Ihren Adler hat sie beinahe vergessen. Doch wo war er, ist er schon wieder weg? Wie kommt ein Steinadler überhaupt hierher, wundert sie sich. Dann übernimmt der Alltag die Regie, und sie geht wie gewohnt ihrer Arbeit nach. Der Adler ist aber nicht weg. Er sitzt nur auf einem anderen Felsen und taxiert die Gegend, wo er wohl sein Nest einrichten soll. Steinadler haben so eine vagabundistische Art, die sie gerne in verschiedenen Behausungen ausleben. Madame Lamère blickt von Zeit zu Zeit hoch zu dem Felsen. Vielleicht kommt er zurück, hofft sie. Sie ist irgendwie verzaubert von dem schönen Vogel. Deshalb nennt sie ihn auch Merlin. Einige Zeit geht ins Land und Madame Lamère vernimmt plötzlich einen Laut, der ihr bekannt erscheint. Hört sie das richtig, es sind zwei unterschiedliche Laute. Entzückt stellt sie fest, Merlin ist wieder da, und, er hat geheiratet, also eine Adler-Dame mitgebracht. Bald geht es auf dem Felsen äußerst turbulent zu, denn zwei kleine Adlerköpfe lugen über den Rand des Nestes mit weit aufgerissenen Schnäbeln und mächtigem Geschrei. Die beiden Eltern sind unermüdlich beschäftigt, den geschlüpften Adler-Kindern das notwendige Futter ranzuschaffen. Diese Kleinen sind sehr schnell richtig groß und anstrengend. Sie verlangen ihrem Adler-Papa alles ab. Sogar die Adler-Mama reist ab und zu den Schnabel auf, um von Merlin einen Happen abzuzwacken. Merlin bemerkt es noch nicht einmal, denn er fliegt ja dauernd hin und her. Völlig erschöpft lässt er sich auf einem Nachbarfelsen nieder, um eine kleine Pause einzulegen.

Die Adler-Mama schaut derweil in die Luft, denn über ihr segelt, beinahe zudringlich, ein zweites Adler-Männchen mit herausfordernd ausgebreiteten Schwingen. Es macht der schönen Adler-Mama Avancen, die sie nicht unbeeindruckt lassen. Sie hat offensichtlich genug von der verfressenen Rasselbande und zieht es vor, mit dem unverschämten Adler-Jüngling davon zu fliegen. Zweimal noch kreisen sie über das Nest und dann Adieu. Merlin kann es kaum fassen. Dennoch bemüht er sich nach Kräften, den hungrigen Schnäbeln die Mahlzeiten ins Nest zu bringen. Fressen können sie schon allein, und wenn das Futter nicht den Geschmack der beiden Rabauken trifft, werfen sie es ratzfatz über den Nest-Rand. Das ist zu viel für Merlin und er stellt den Lieferdienst ein. Die beiden Jungen sind bereits im Flegelalter und merken ziemlich schnell, was die Stunde geschlagen hat; nämlich selbst Futter suchen. Und weg sind sie. Merlin bleibt allein zurück. Erschöpft zwar, aber er erholt sich rasch. Dann erinnert er sich. Da sitzt doch jeden Morgen so eine liebe Person, die ihm immer freundlich zuwinkt. Sie hält eine große Tasse in der Hand, an der sie manchmal ihre fröstelnden Hände wärmt. Auf der Tasse ist sogar was draufgeschrieben. Merlin kann es genau sehen, hat er doch Adler-Augen. Pour des matins bleu, steht da. Aha, für die blaue Stunde, vor Sonnenaufgang. Wie romantisch. Und sie ist allein, frohlockt er. Es scheint, als wäre er ein bisschen verliebt in Madame Lamère. Was er nicht weiß, Madame Lamère war nicht immer allein. Vor langer Zeit war da noch ein Mann, charmant zwar und ansehnlich, aber ein Hallodri. Madame Lamère hat nämlich herausgefunden, dass er sie bereits in der Hochzeitsnacht betrogen hat. Kurzerhand hat sie ihn rausgeworfen. Von Zeit zu Zeit klopft Gavroche bei ihr an.

Ja, so heißt er. Wie der arme Junge aus „Les Misérables". Erwartet er wirklich, dass sie ihn wieder bei sich aufnimmt. Doch Madame Lamère verzichtet darauf und lebt lieber allein. Manches Mal noch spürt sie einen kleinen Pieks im Herzen, aber das geht schnell vorbei. Gesellschaft hat sie ja. Wenn auch nur da oben im Felsen, aber doch treu. Viele Jahre später. Beide sind älter und müde, Madame Lamère und Merlin.

Sie kennen sich nun schon lange, auch ihre Gewohnheiten.

Madame Lamère möchte schlafen gehen. Sie schaut nochmal zum Felsen hinauf. Wo ist Merlin, ruft sie erschrocken. Sie kann ihn nicht sehen. Doch dann bemerkt sie, dass er sich tief in seinen Horst niedergeduckt hat, die magere Brust in das Nistmaterial gebettet. Ein sanfter Wind kommt vom Meer herüber und wippt drei kleine Federchen, die von seinem Kopf abstehen, hin und her.

Madame Lamère war erleichtert. Er ruht sich aus, ich gehe jetzt auch schlafen, sagt sie und geht zu Bett. Merlin erhebt sich noch einmal, noch einmal will er seine Stimme ertönen lassen.

Es gelingt ihm nicht, nur ein klägliches Kiä lässt er verlauten; er sinkt in sich zusammen und schläft ein, für immer.

Madame Lamère wuselt wieder um ihr Häuschen herum. Einen neuen Korbsessel hat sie sich geleistet. Ihren Merlin vermisst sie schmerzlich. Dann erblickt sie etwas auf dem Felsen gegenüber.

Madame Lamère kann es kaum glauben. Ihr Herz hüpft auf und ab in ihrem schmalen Körper. Beinahe hätte sie vor Freude getanzt.

Aber es war nicht Merlin, oder doch? Das braune Federkleid glänzt wie bei Merlin am ersten Tag. Da sind noch einige weiße Flecken im Gefieder, also im Jugendkleid des Vogels. Sie erkennt, das ist einer der Rabauken von damals. Es ist Merlins Sohn. Madame Lamère gibt ihm den Namen Gavroche. Er ist noch recht jung und dazu ein bisschen aufmüpfig, wie damals der junge Bursche Gavroche. Aber auch in dem Glauben, dass sie damit ihren Nichtsnutz von Ehemann in die Verbannung schickt, hoch hinauf in die Felsen. Da gehört er hin, murmelt sie, während sie zufrieden in ihrem neuen Sessel Platz nimmt. Sie beugt sich über ihre Arbeit und denkt an Merlin. Sie kann ihn nicht vergessen. Plötzlich, beinahe unmerklich, streift sie ein Windhauch. Ein bekanntes Gefühl steigt in ihr empor. Leise Wehmut berührt ihre Seele, begleitet von einem winzigen Schauer. Dann, ohne aufzusehen, begreift sie, hat sie Gewissheit.

Sie ist wieder im Blick des Adlers.

Stille am See

Der Sommer muss jäh nun den Herbst begrüßen.
Meine Seele macht Platz für ein leises Weh;
sanfte Stille liegt über dem See.
Der Sommer muss jäh nun den Herbst begrüßen.

Noch glitzert am Tage das Elfensilber, tanzen die Wellen.
Ich steig hinein in die dunkle Kühle;
zieh' meine Bahnen, umkreis' die Gefühle.
Noch glitzert am Tage das Elfensilber, tanzen die Wellen.

Sanfte Stille liegt über dem See.
Nur der Mond in der Nacht sein Narrengold bringt.
Bin wieder da, nächstes Jahr; wenn die Lerche singt.
Sanfte Stille liegt dort überm See.

Kerstin Bausch

51 Jahre

Journalistin und
Verwaltungsangestellte
am KIT in Karlsruhe

Kerstin Bausch

Geschichten zu erzählen, und zwar am liebsten solche, die sie selbst noch nicht kenne, zählt zu ihren frühesten Erinnerungen als Kind. Und noch ehe Kerstin Bausch überhaupt schreiben konnte, unterhielt sie bereits sich und die Familie damit. Geschichten, Berichte und Artikel waren es auch, die später immer wieder ihren Werdegang begleiteten und ihn bereicherten: erzählt, notiert, getippt und schließlich auch immer wieder gedruckt. Noch vor dem Studium schrieb sie als freie Mitarbeiterin für die Lokalredaktionen der „Bietigheimer Zeitung". Es folgten Uni-Medien, Wochenblätter, Magazine. In Berlin und Nordirland studierte sie Kommunikationswissenschaften und Medien und arbeitete danach drei Jahre in Stuttgart und im Ausland, ehe sie als Volontärin des Rastatter Ablegers des Bauer Verlags Hamburg ins Badische übersiedelte – und dort direkt ihr Herz verlor. Als Redakteurin schrieb sie für mehrere Frauen- und Fachzeitschriften und gestaltete verschiedene Medien für Kinder mit.

Längst ist die Barockstadt Rastatt zu ihrer wahren Heimat geworden. Mit ihrem Mann und ihren beiden Teenage-Töchtern schätzt sie es, zugleich stadtnah und doch mitten in der Natur leben zu können. Das Schreiben – mal mehr, mal weniger – hat sie immer begleitet. Ganz genau hinzuschauen, die Momente einzufangen, mit Worten zu spielen und Bilder zu gestalten, war oft Zauber und Anspruch zugleich, die Zeilen zu füllen, dabei fast immer die leichteste Aufgabe. Im Thinktank der Corona-Pandemie 2020 stieg dann die Lust auf mehr. Mit „die Tanzstunde" schrieb Kerstin Bausch das erste Mal für ein Buch. Doch eigentlich hat auch diese Geschichte das Leben geschrieben. Sie musste sie nur noch erzählen.

Kerstin Bausch

Die Tanzstunde

„Hallo liebe Mädels. Es ist wieder Zeit für eine Modern-Dance-Stunde", Romina lässt den Blick schweifen. Der Ballettsaal ist voll besetzt. Alle zehn Mädchen sind da. Wobei Saal nun größer klingt, als es ist. Der Raum mit den großen Spiegeln hat etwas intimes, als wäre man zu Gast bei ihr und das hier das Wohnzimmer. Ein Wohnzimmer ohne Sofa und ohne Fernseher, ohne Teppich und Möbel, dafür mit hellem Schwingboden, Spiegeln und Handläufen an den Wänden. Ein Ballettsaal eben, quasi schon immer. Bevor Romina ihren „Tanzraum" dort einrichtete, war die Schule bereits 35 Jahre lang unter Elisabeth Kugler, kurz Elli, „Atelier für Tanz und Gymnastik" gewesen. Plus 10 Jahre unter Romina wären das nun bald ein ganzes halbes Jahrhundert zeitgenössischer Tanz in Rastatt – und für Rastatt. „Ein toller Raum!", schwärmt Romina nun, „ein Ort zum Wohlfühlen" – gut 50 Quadratmeter Himmelreich! Dabei war es davor erst mal ein Milchlädchen und sogar das Schaufenster dazu gibt es noch, diskret hinter langen Vorhängen versteckt. Egal, der „Tanzraum" könnte ohne Milchlädchen-Vergangenheit kaum erfolgreicher sein. Manche der Tanzklassen müssten inzwischen sogar größer sein, wenn der Raum es nur zuließe. Er lässt es aber nicht zu, darum muss Romina jetzt auch immer mal neue Schüler vertrösten. Seit ihrer Übernahme sind die Zahlen stetig angestiegen. Raus aus dem „Tanzraum" oder gar raus aus Rastatt wollte Romina trotzdem nie wirklich, zusätzliche Gruppen und mehr Tanzlehrerinnen schon eher. Inzwischen sind sie fünf im Team. Bei Romina selbst tanzen heute vor allem noch die jüngeren Kinder. Ab drei können sie herkommen. Die in dieser Gruppe sind fast so alt wie die Schule selbst, Viertklässler eben. Romina kennt alle, die hier tanzen, oder zumindest die meisten. Das machen allein schon die vielen Aufführungen und Inszenierungen. Ihre eigenen Tanzmäuse begrüßt sie gleich beim Hereinkommen, viele auch mit Namen. Für die Auftritte gilt, alle dürfen, keiner muss: „Das lasse ich frei. Doch am Ende sind manche Eltern überrascht, dass ausgerechnet ihr Kind das macht und was es dabei alles kann", erzählt sie augenzwinkernd. Dass es auch viel Extra-Arbeit für die Schule bedeutet, nimmt sie in Kauf, denn: „Das gibt uns allen noch ein Ziel", ein Ziel über den Tag und über den Tag der Aufführung hinaus, denn, „sowas bleibt als Erlebnis für immer", als eine schöne Erinnerung, die viele Kinder nicht missen wollten. Da ist die Tanzpädagogin sich sicher. Aufnahmen und Fotos, die sie für die Aufführenden produzierten, helfen außerdem dabei.

Noch ehe der Unterricht beginnt, ist Romina in ihrem Element, wird in ihren Bewegungen und ihrer Haltung schon zur Tänzerin. Kontrolliert, getragen, mit Ausdruck. Romina hat das längst für sich gefunden. Als sie anfing mit dem Tanzen, war sie selbst noch ein Kind. Gerade gilt es, die Gruppe zu sammeln: „Hat jede einen Platz?" Neuerdings – seit Beginn der Corona-Pandemie – gibt es dafür genau abgemessene Markierungen auf dem Boden, der nun auch nach jeder Stunde frisch gewischt wird. Auch das macht sie selbst. Die mit dem Wischmop tanzt. „Gut. Wir fangen heute an mit einem Gute-Laune-Aufwärmtanz zu einer Musik, die ihr vielleicht schon einmal gehört habt. Und der ganze Tanz hat so ein bisschen zu tun mit Sommer-Sonne-Strand. Manche Leute fliegen ja auch an Weihnachten gerne noch mal in den Süden. Dieses Jahr ist es nicht so möglich, aber wir träumen uns einfach dahin. Zu Hause im Wohnzimmer habt ihr es ja auch schön warm. Und wir stellen uns einfach ein bisschen Sommer, Sonne und Strand vor. Dann kommt die gute Laune auch." Sie blickt sich um. Alle schauen zurück. Nur wer zur Klasse gehört, darf tanzen kommen. Das ist schon etwas Besonderes. Sie sind froh, dazu zu gehören. Und die, die da sind, kommen Woche für Woche. So haben sie schon viel gelernt. Manche ganz schnell, andere stetig. Manches lernen sie auch immer wieder von Neuem, und sie lernen es immer wieder neu. Denn Kinder entwickeln sich, auch wenn die Choreo dieselbe bleibt. Der Tanz aber lebt und wächst mit ihnen mit. Romina ist dann der Fels in unbeständigen Zeiten. Die kann das alles ja und konnte es wahrscheinlich auch schon immer, das glauben zumindest viele der Mädchen. Jetzt blickt sie sie direkt an, sieht jede und fordert sie auf zum Tanz. Sie sollen nachher etwas mitnehmen können. Das ist Rominas Versprechen, fleißiges Üben das der Schülerinnen. Jede Tanzstunde muss die wichtigste sein, für diesen einen Moment, in dem sie stattfindet. Der Tanz ist ganz im Jetzt und Hier. Was Romina den Mädchen gibt, das Gefühl, die Spannung, die Anmut – beginnen noch vor dem ersten Zähler und hören auch mit dem letzten Takt nicht auf. Es kann ihnen helfen sich zu spüren, herauszufinden, wer sie sind, wer sie vielleicht mal sein können, wenn sie groß sind. Doch wer ganz genau hinschaut, erhascht manchmal nach der Tanzstunde beim Blick in die Augen seines Kindes vielleicht schon eine Ahnung davon.

Doch jetzt erst mal aufgepasst: „Also, es beginnt mit Flöten. Wir flöten ein bisschen ..." Romina dreht sich zur Seite, reckt die Arme nach oben, wiederholt, „wir flöten ein bisschen ... wir flöten ein bisschen mit coolem Beat ..." Sie wiegt die Hüften, „wir flöten ein bisschen nach da. Egal, wie ihr die Hände habt, die könnt ihr immer ein bisschen variieren ...", machte es vor. „Dann gehen wir tauchen." Sie duckt sich zweimal: „Wir tauchen tief, tief, tauchen auf und auf", wiederholt: „Tauchen tief, tief, tauchen auf und auf. Noch mal: Tief, tief, tauchen auf und auf. Tauchen tief, tief, auf und auf", und Schluss. „Jetzt kommt ein Rap!", hält sie inne und erklärt kurz: „Das heißt: Der Sänger spricht dann auch ein bisschen so ,ddd-ddd-ddd-d'. Da machen wir dann auch so ein paar abgehackte, harte Bewegungen." Also weiter: „Macht mal Fäuste! Und jetzt kommen dreimal schnell die Fußspitzen raus." Sie hüpft: „Eins, zwei, drei – Arm und Arm", wiederholt: „Eins, zwei, drei – Arm und Arm. Die Arme kreuzen. Eins, zwei, drei – Arm und Arm", schaut sich um und führt aus: „Ihr seht, dass ich einfach nur den anderen Fuß dahin mache, wo der eine war, didip! Und zurück. Das war es dann auch schon!" Nächster Punkt: „Dann kommt ein wunderschöner Sonnen-Kreis. Ihr stellt euch vor, ihr verteilt das Licht der Sonne", beschreibt sie das Bild, ehe sie zeigt, was sie meint: „Ihr nehmt den rechten Arm und den rechten Fuß nach vorne und dann lauft ihr einen schönen Kreis, verteilt das Licht der Sonne. Sonnenstrahlen über euch. Sonne hoch", sie streckt die Arme weit über den Kopf, erhebt die Stimme: „Und", senkt sie wieder, während ihre Arme eine wellenförmige Bewegung bis hinunter zu ihren Knöcheln beschreiben, „langsam wieder runter segeln. Und das gleiche zur anderen Seite. Also erst mal nach vorne", sie wird lauter, „dann einen Kreis laufen. Licht verteilen. Füße schließen. Sonne über euch. Hoch. Und langsam, sanfte Sonnenstrahlen wieder runter." Jetzt wird ihre Stimme ganz zart: „Ja, das ist unser Sonnenkreis!" Nun das Wichtigste: „Und dann machen wir noch einen schönen Sandhüpfer. Das kommt immer, wenn der Refrain kommt." Sie blickt sich um: „Und jetzt verrate ich auch das schon mal: Das Lied heißt ,Coco Jambo' und immer, wenn ,Coco Jambo' gesungen wird, dann kommt unser Sandhüpfer." Los geht es: „Für den Sandhüpfer, egal mit welchem Fuß ihr beginnt, es geht

einen Schritt nach vorne, und zu, und zweimal zurückspringen. Vor, zu, hopp, hopp. Jetzt habe ich es zweimal nach vorne gemacht, jetzt mach ich es auch mal zur Ecke. Ecke – hopp, hopp. Ecke – hopp, hopp. Ja, das war unser Sandhüpfer. Jetzt habt ihr eigentlich alle Teile gelernt. Die kommen so in verschiedener Reihenfolge. Ich sag das dann immer kurz vorher an."
Zehn Kleinmädchen-Augenpaare hängen an Rominas Lippen. Arme, Beine, dann ein Hüpfer, die Mädchen versuchen den neuen Moves zu folgen. Schaffen es noch nicht so recht. Egal, sie haben ja gerade erst angefangen mit dem Tanz. Manche waren noch kaum im Kindergarten, als sie ihre ersten Stunden bei Romina hatten. Jetzt sind sie immer noch da – und das in einer Zeit, in der viele Trainer kopfschüttelnd beklagen, dass Kinder immer weniger Ausdauer hätten und nur noch selten dran blieben. Diese hier sind gekommen, um zu bleiben, so scheint es. Der Wunsch – und Rominas Kommandos – strecken nun die Glieder. Sie recken die Hälse, drücken die Knie durch. Aufgepasst! Mit den ersten Bewegungen verändern sich ihre Gesichter. Die Konzentration gibt ihnen etwas seltsam Erwachsenes.

Für einige der Moves arbeitet Romina mit inneren Bildern: „Wenn die Seitneigung des Kopfes weich und geschmeidig sein soll, sage ich manchmal, sie sollen Sand aus ihrem Ohr rieseln lassen", gibt sie ein Beispiel und bekundet gleich danach, dass es sie noch immer manchmal erstaune, was allein das schon mit Kindern machen könne: „Manche sind dann so auf die Bilder konzentriert, dass sie die Bewegung wie nebenbei richtig machen und oft auch noch synchron mit den anderen", erklärt sie fröhlich. Das überzeuge vor allem auch die Zuschauer. Die Kinder aber übten zugleich ihren darstellerischen Ausdruck. Romina selbst kommt von der Bühne, einer sehr großen Bühne, auf der sie von klein auf mit Hunderten anderer vor bis zu 4.000 Zuschauern pro Vorstellung spielen durfte. „Das waren schon bewegte Zeiten", resümiert sie nun und schwelgt in Erinnerungen. Vom Tanzunterricht über den Chor und die Komparserie sowie die ersten Schauspielausbildungen, habe sie sich 25 Jahre lang immer weiter nach vorne gearbeitet – bis hin zu den ganz großen Rollen. Mit 29 Jahren füllte sie dann tanzend, singend und schauspielernd die Hauptrolle der „Dorothee" in dem Kinderstück „Der Zauberer von Oz" aus. Auch Stücke zu schreiben, selbst zu inszenieren und Kabarett habe sie zwischen den großen Produktionen ausprobieren können und auch mehrfach als Regie-assistentin viel über gute Organisation großer Bühnenensemble und die Tücken der Probenarbeit gelernt. Ihr Engagement dort habe sie nie bereut. Schön war es und eine Familienangelegenheit obendrein, von einfach war nie die Rede. „Ich bin halt auch eine echte Ötigheimerin", verrät sie nun, „ich habe immer dort und in Rastatt getanzt", und, „vor der Bühne habe ich wenigstens keine Angst mehr!", sie lacht. Das ist nun ein Glücksfall für die Kernstadt, denn seit dem Ende ihrer aktiven Zeit bei den Volks-schauspielen Ötigheim hat sie hier nun wiederholt große Tanzstücke mit ihrer eigenen Tanzschule einstudiert und unzählige kleinere Auftritte bei Feiern, Festen und an Jahrestagen gestemmt. Die große Pina Bausch wirkte in Wuppertal, die New York City Dance School macht in Stuttgart Furore und selbst Karlsruhe blickt auf eine beachtliche Szene für zeitgenössischen Tanz, Romina zog es trotzdem nie fort. Rastatt blieb alternativlos. Um weg-zugehen sei sie zu sehr Familienmensch, zudem hat sie nun vier eigene Kinder. Und auch der Tanzraum ist ein bisschen Familie. Ein paar ihrer Schülerinnen begleiten sie quasi seit der ersten Stunde, andere kommen mehrmals die Woche her. Bei aller Tanz- und Bühnenerfahrung hat sie sich für die Leitung noch mit einer Ausbildung zur ITP-Tanzpädagogin fit gemacht, denn sie möchte ihren Schülern einen möglichst ganzheitli-chen Weg zum künstlerischen Tanz bieten. Die Stunden in klassischem Ballett hat nun wieder Daniela Wörner übernommen, die ab 2012 schon mal für zwei Jahre im Team war, ehe sie sich der Tanzcompanie Limburg anschloss. Inzwischen ist sie zurück, um die Kompetenz des Tanzraums in ihrem Lieblingsfach zu stärken. Hochkarätig ist auch der Unterricht von Julia Holzmüller, die eine umfassende Tanzausbildung – klassisch, modern und Jazz Dance – durch ein Studium der Literaturwissenschaften und Allgemeiner Pädagogik ergänzte. Sie bringt auf den Punkt, was wohl die meisten Tänzer und Tänzerinnen irgendwann mal begreifen und was aber vielleicht auch gerade die Faszination das Tanzes erklärt, die so unbe-schreiblich ist, für die, die sie nicht selbst erfahren haben: „Mit den Augen sehen wir nur Bruchteile von dem, was Tanz ist." Darum könne ein Foto auch immer nur einen winzigen Ausschnitt davon einfangen. Und das We-sentliche bliebe für die Kamera verborgen. Präsenz, Energie, Berührung, Interaktion, unmittelbarer Ausdruck und ein allgegenwärtiges Streben nach deren Perfektion sind das Geheimnis dieser flüchtigen Erscheinung, die sich in immer neuen Formen auf dem Tanzboden manifestiert und doch mit dem Moment, in dem die Musik endet, schon wieder verflogen ist. Kein Mensch gleicht dem anderen exakt in seinen Bewegungen. Und jeder sieht jeden Tag ein klein bisschen anders darin aus. Jede Stunde, die wir tanzen, wird damit zu einer und sei sie noch so winzigen Variation der vorigen. Wie kleine Mosaiksteinchen drängen die Variationen des Tanzes hinein in den Reigen des Lebens und machen ihn bunter, suchen einen Platz darin, bringen alles wieder in Bewegung, verhindern Stillstand. Romina: „Manchmal merken wir erst, wenn wir nicht tanzen können, dass etwas fehlt." Auch dies ist eine aktuelle Erfahrung für die Tanzraum-Tänzerinnen. Nie hat es ein Jahr deutlicher gezeigt als 2020 mit all seinen Begrenzungen. Nun bangt Romina schon um das zehnjährige Jubiläum ihres Tanzraums. Wird es ihn da so noch geben können? Und werden sie feiern? Noch gibt es keine Antworten darauf. Der Tanz wird auf den Moment zurückgeworfen. Es wird sich zeigen müssen.

Weiter geht es beim Sommer-Sonne-Fernweh-Tanz. Vertrau auf dein Gefühl, scheinen die leichten, so selbstverständlich perlenden Bewegungen der Lehrerin jetzt zu sagen. Das ist aber gar nicht einfach, wenn man selbst noch so neu ist auf der Welt, wie diese Kinder. Alles muss noch wachsen, sich zurechtrücken, alle Bewegungen noch Form greifen. Manche der Moves wirken erst mal hastig oder sind nur angedeutet. Wie macht Romina das? Zu verbissen brauchen sie nicht zu sein. Vielleicht besser noch mal schauen? Romina tanzt es vor – wieder und wieder. Erst ohne, dann mit Musik. Die Mädchen setzen ein. Trotz fester Plätze wird es manchmal auch enger – immer dann, wenn sich jemand vertut. Romina steht direkt vor ihnen, ohne Sockel oder Podest, gleich bei ihren Schülerinnen, doch es stört die Mädchen nicht. Denn Romina ist jetzt auch schon wieder ganz bei sich. Wie nebenbei streift ihr Blick die Gruppe. Sie streut Korrekturen ein, hält inne, übt noch mal das eine oder andere. Dann wieder das Ganze von vorne. Musik setzt ein.
Dass das hier ein bunter Haufen ist, passt gut und ist auch nicht zu übersehen. Vielleicht kann es auch gar nicht anders sein, hier in Rastatt, das keine Stadt der Reichen ist. Manche Outfits sind verwaschen wie echte

Lieblingskleider. Anderes wirkt nach Lust und Laune zusammengewürfelt, als wäre es nicht so wichtig. Hier passt es trotzdem dazu und unterstreicht noch einmal, wie einzigartig jede von ihnen ist und hier auch sein kann. Der Modern Dance ist voller Facetten, die es zu entdecken gilt, selbst in der Gruppe getanzt. Romina nimmt das auf, um für manche Auftritte ganze Bühnenszenen mit den Kindern zu gestalten, dann im Kostüm. Zum Üben aber reichen Leggins und T-Shirt. Mehr braucht es nicht. Manche tragen dennoch richtige Sporthosen aus Lycra und Tops bekannter Marken. Hier und da hat sich eine auch etwas Besonderes überlegt: Shorts über Hosen oder ein Röckchen, ein Knoten am Shirt oder Glitzer im Haar. Als Schuhe dienen Schläppchen, die den Füßen Freiheit geben – und Fuß-spitzen-Gefühl. Das können natürlich auch Ballettschühchen sein, wie Romina sie hat. Ihre sind hellrot. Und als wären die nicht allein schon ein Hingucker, sind die Leggins dazu heute lila und der Body mit den langen Ärmeln auch. Darüber trägt sie meist etwas, das wie eine schlichte Kostümierung ihre Bewegungen noch mehr inszeniert. Dieses Mal ist es eine Bluse aus Spitze und der lockere, schwarze Alleskönner-Hosenrock, der bei Schwüngen und Sprüngen ihr so schön um die Beine flattert. Die Mädchen strengen sich mächtig an, bis Romina sie in die Trink-Pause schickt. „Kostüme können eine Stimmung unterstreichen oder einem selbst helfen, in eine Figur zu schlüpfen", weiß der Bühnen-Profi. Im „Tanzraum" wolle sie den Schülerinnen aber so viel Freiheit lassen wie möglich. „Solange nichts zwickt oder ablenkt", wäre alles erlaubt, was gefällt – und eben tanz-bar sei. Nur bei den Haaren ist sie strenger, denn sie erinnert sich da an so manche Haarsträhnen-Choreo: Vor lauter Strähnen, die aus dem Gesicht zu streichen waren, kamen manche kaum mehr zum Tanzen. Die meisten merkten dann allerdings auch selbst, dass es so nicht ginge.

„Ich habe heute noch eine Weihnachts-Überraschung für euch!", lockt sie die Mädchen nun zurück aufs Parkett. Doch erst kommen noch Technik und Dehnen dran, Letzteres mit einem buchstäblich vielseitigen Partner aus dem offenen Bücherschrank vor der Tür. Egal, dick oder dünn, mit oder ohne Hochglanz-Schutzumschlag, das Druckwerk kommt unter die Ferse und los geht es mit der Spagat-Übung. Ein paar haben den Dreh schon raus, sind geschmeidig und kommen fast bis auf den Boden runter. Bei anderen ist der Weg noch weiter. Es ist, wie es ist und wie es ist, ist es gut. Dass eines der Mädchen nicht auftreten dürfe, weil sie den Spagat nicht könne, wäre ihr nie in den Sinn gekommen. Doch das sei nicht überall so. „Wir üben das noch", versichert sie ihnen jetzt. Das sagt sie auch gerne, wenn ein Tanz mal wieder ein bisschen mehr holpert als in der Stunde vorher. Sechs Mal nahm sie die Herausforderung schon an und trat mit allen Gruppen der Schule – bis zu 140 Schülerinnen – zu Tanzstücken an, die sie in der Aula des Ludwig-Wilhelm-Gymnasiums in Rastatt dann mehrmals aufführten. Gleich ihr zweites Arrangement, 2013, „Die vier Jahreszeiten" von Vivaldi, nach einer damals neuen komplexen Rekomposition von Max Richter, übertraf alle Erwartungen: „Erst mal war es mega-schwer für die Kinder, allein nur mit der Musik zurecht zu kommen, aber dann hat es auch Mega-Spaß gemacht, zu sehen, was sie daraus machten."

Zehn Minuten noch, dann ist die Stunde um, jetzt wird es höchste Zeit für die Überraschung. „Ihr dürft noch mit Christbaum-Kugeln tanzen!", lässt Romina die Bombe endlich platzen und erntet fragende Blicke, die auch dann noch bleiben, nachdem sie ein gutes Dutzend roter Glaskugeln an dicken Stoffgeschenkbändern hinterm Vorhang hervorzaubert und von der Decke baumeln lässt. Hier und da zuckt ein Lächeln. Einzelne kennen das noch vom vorigen Advent und stellen sich schon mal an. Andere zögern. Doch jede kommt mal dran. Viel erklären will Romina dazu nicht. Beim Improvisieren gibt es kein verkehrt. „Traut euch einfach. Probiert es aus", ermuntert sie sie und macht die Musik an, dieses Mal ein Weihnachtslied. Die erste tanzt unsicher auf die Kugeln zu, alle schauen. Die Kugeln hängen in Brusthöhe der Kinder, sie hängen im Weg, fordern auf – und fordern heraus, fordern auf zum Tanz, aber hängen einfach ab – wie passive Tanzpartner, die nichts beizutragen haben. Oder doch? Am Ende tanzen nacheinander alle mit ihnen – mal eng, mal weit, mal wild, mal zart. Es gibt kein Richtig und kein Falsch. Doch die Kugeln sind fragil und so gilt der Grundsatz: „Bitte nicht berühren!" Manche Mädchen schlängeln sich an ihnen vorbei oder biegen sich weg wie für einen Limbo-Tanz. Es sieht nicht ungeprobt aus, sondern echt. Wie etwas, das gerade passiert, und nur dieses eine Mal genauso sein wird. Der Tanz erfüllt den Moment. Manche tanzen mutig los, scheinen die Kugeln zu ignorieren, zeigen ihnen die kalte Schulter und ducken sich nur im letzten Moment weg. Andere lassen sie nicht aus den Augen, umrunden sie respektvoll, mit gemessenem Abstand – wie Omas Weihnachtsbaum.

Auch Rominas Herz schlägt seit Langem für Improvisationen. Bis zu 20 Mitstreiter hatte sie schon gleichzeitig in ihrer Kreativtanz-Gruppe, zu der auch Schauspieler und Musiker gehören. Bei den sogenannten ImpRo-Terminen versucht Romina sie mit immer neuer Musik und Aufgaben im Übungssaal oder draußen im Stadtraum herauszufordern. Dann schafften sie sich gemeinsam einen neuen Tanzraum – mit Brunnen darin oder zwischen Bäumen, in einer eleganten Galerie oder einer kargen Unterführung, denn Tanz ist immer auch Begegnung. Ein Jahr lang hatte sich Romina dafür sogar einer selbstauferlegten Challenge gestellt und zwar der, jede Woche an einem neuen Ort in Rastatt aufzutreten. Nur einmal blieb sie dabei allein – zumindest ohne Mitstreiterinnen. Da habe es aber auch geregnet. Romina tanzte trotzdem. Und sie ist überzeugt: „Eine Stadt, die mit dem tete-à-tete alle zwei Jahre für Tage eine so unbeschreibliche Auftrittskultur heraufbeschwören kann, hat noch eine sehr viel lebendigere Kunst- und Kulturszene verdient, als wir sie heute hier haben." Leider waren die meisten der regionalen Künstler bei diesem Event seit Jahren auf die Zuschauerränge verwiesen. Eingeladen aufzutreten wurden die wenigsten. Einmal hatte „ImpRo in Ra", wie sich ihre Truppe auf den Flyern nennt, nur Stunden vor dem eigentlichen Festival mit einem runden roten Teppich eine eigene kleine Bühne geschaffen, dort, wo zu dieser Zeit noch keine war – mitten im Leben, mitten auf dem Rastatter Marktplatz. Die Aufgabe dieser Improvisation sollte sein: „Auf dem Teppich bleiben." Vor Ort kam dann spontan eine zweite Verpflichtung hinzu, und die hieß dann: „Lass das Publikum dich entdecken!" Die Zuschauer, die zu Deutschlands größtem Straßentheaterfestival angereist waren, um dort Künstler aus aller Welt zu erleben, waren durchaus angetan, blätterten dann aber ziemlich ratlos in ihren tete-à-tete-Programmen herum und wunderten sich ziemlich, als sie nichts über „ImpRo in Ra" darin fanden, erzählt Romina und muss bei der Erinnerung noch mal schmunzeln. Schon klar, oder eben gerade nicht, meint Romina nun dazu, dass regionale Künstler beim größten Rastatter Event meist außen vor blieben.

Wer sich so was traut, kann wirklich stolz sein. Auch die Kinder strahlen jetzt. Ihre Augen leuchten. Sie sind heute ein Stück weiter ins Leben getanzt, in jenem kleinen Saal, der irgendwie gar keiner ist, sondern aussieht, als wäre er ein Wohnzimmer, vielleicht eines mit zu hohen Fenstern. Keinesfalls ist es ein Milchlädchen, das dort mitten in Rastatt in einer sehr kleinen, sehr ruhigen Gasse liegt – in einem Sträßchen, das kein Navi kennt, für die, die herkommen, aber wohl auch kaum je einer eines gebraucht haben dürfte. Denn dort war irgendwie schon immer ein „Tanzraum" und die dort getanzt haben, kommen wieder, erst zu Elli, dann zu Romina. Auch nächste Woche wollen sie da sein. Gerade sind sie sich da ganz sicher.

Alles ist Tanz

Den Raum ermessen.
Mit Schritten.
In Sprüngen.
Mit Bändern.
Gespannt.
Platz nehmen.
Raum greifen.
Ausgelassen.
Trotzdem präzise.
Nur fast berührt.
Die Sinne aber schon.
Alle auf einmal.

Jeder für sich.
In der Drehung.
Die Form.
Nachgezeichnet.
Mit dem Körper.
Nicht berührt.
Aber fast.
Gespannt.
Muskeln.
Haut.
Arabesque.
Developé.

Der Blick. Die Augen.
Eine Hand. Dann zwei.
Arme auch. Und Füße.
Relevé. Retiré.
Allein. Zu zweit.
Jetzt alle. Jeder für sich.
Im Raum. Wie gezeichnet.
Nicht berührt. Aber fast.
Vielsagend. Ohne Worte.
In Form. In Farbe.
Die Form. Der Raum.
Der Tanz. Alles.

Ursula Becky

55 Jahre

Ursula Becky

Anfangen zu schreiben ist das eine.
Zu schreiben, wer man ist ... etwas anderes.
Wer anfängt zu lesen, der möchte wissen, wer da durch den Text zu ihm spricht.
Alter, Beruf, Herkunft. Und woher kommt der Bezug zum Schreiben?

Ein paar Antworten:

Ich habe es – in den 70er Jahren – nicht abwarten können, endlich lesen zu lernen und habe, sobald das „technisch" ging, gerne Dinge aufgeschrieben. Dinge, die ich bedeutsam fand. Das ist dann immer so geblieben – durch alle beruflichen und familiären Lebensphasen hindurch.

Wenn ich früher auf die Frage: „Was machst du denn so?" mit dem an und für sich unspektakulären Wort: „Sprachen" geantwortet habe, hat mich das oftmals in ein ganz bestimmtes Licht gerückt: weltoffen! kommunikativ! Brücken bauend! ... Schubladen gingen auf und zu. – Für mich war „Sprache" schon immer der spektakuläre Schlüssel zu so Vielem mehr.

Die Frage nach der Herkunft ist schnell erzählt: süddeutsch, seelenverwandt zu Italien und Frankreich, aus einer Familie, die mich seit jeher für Geschichten begeistern konnte und in der man sich – bis heute – Bücher hin und her schenkt.

Auf die Frage warum ich (gerne) schreibe, gibt es vermutlich keine vernünftige Antwort. Man schreibt, weil man einfach irgendwann damit anfängt. Siehe oben

Ein letztes Wort zur Identität: Europäerin, Deutsche, Mutter, Trainerin, Sprach- und Kultur-Mittlerin, Schreiberin,... das am deutlichsten hervortretende Merkmal in mir ist sicherlich: eine Frau zu sein.

Ein Grund, warum ich mich für das Projekt „Literarische Frauenzimmer" sofort begeistern konnte und weshalb ich – wieder einmal – einfach angefangen habe, zu schreiben.

Gernsbach / Rastatt, Mai 2021

Ursula Becky

Frauenzimmer
Mädchenname

Als Romy am Gartentor ankam, ganz außer Puste, weil sie es, wie immer, so eilig hatte, drehte sich die alte Frau, als sie das Geräusch vom Garten her hörte, von der Küchenterrasse aus um und rief ihr mit einem Lächeln auf dem Gesicht zu: „Du hast mir so gefehlt." Das waren immer ihre ersten Worte. Noch bevor sie sich richtig begrüßten. Dann lief immer alles in der gleichen Reihenfolge ab: wie ihre Großmutter das, was sie gerade in den Händen hielt, hastig ablegte, wie sie sich die Finger an ihrer Schürze seitlich abstreifte und dann ihre Arme ausbreitete. Beim In-die-Arme-Laufen hatte Romy immer dieses Wohlgefühl, diese Mischung aus: hier ist alles gut – und: ich weiß, dass ich hier jemand ganz Besonderes bin. Sie wusste insgeheim – dass sie die Lieblingsenkelin war, auch wenn sie gleichzeitig wusste, dass es so ein Bewusstsein eigentlich gar nicht geben durfte, weil die elterliche und die großelterliche Liebe natürlich gleichmäßig auf alle Kinder und Kindeskinder verteilt sein müsste. So hat sie es ja immer gesagt bekommen. Und dennoch genoss sie ihr Privileg, dass dieser Regel zuwiderlief, still und genüsslich. Jedes Mal. Sie rannte jetzt noch schneller.

Seit über zwei Wochen hatte Romy jetzt ihre Großmutter nicht mehr gesehen und das fand sie lange. Sehr lange. Ihren vierten Geburtstag hatte Romy vor einem knappen Jahr bei ihr verbracht – ganz ohne ihre Eltern und ihren Bruder, die zu diesem Zeitpunkt einen Urlaub in Piriac in der Bretagne verbracht hatten. Sie fühlte sich damals wie eine heimliche Komplizin ihrer Oma – nicht ahnend, dass die Großmutter natürlich Komplizin der Restfamilie war, damit diese einen entspannteren Urlaub ohne sie verbringen könnte. Diese Zusammenhänge konnte Romy natürlich nicht ahnen und sie hatte sich in ihrer Welt das Ganze so zurechtgebaut, dass sie offenbar riesiges Glück hatte, auf diese Weise zu einem „Oma-Kind" zu werden. Sie hatte sich seither daran gewöhnt, ihre Großmutter immer wieder ganz für sich alleine zu haben, so wie auch an diesem Tag. Eine besondere Bedeutung hatte es für sie auch, dass sie die zwei Straßen von ihrem Zuhause bis zum Haus ihrer Großeltern alleine laufen durfte. Sie besuchte ihre Großmutter. Und nicht: ihre Mutter hatte sie bei ihrem Besuch dabei. Bei diesen Besuchen hielt sich der Großvater meistens irgendwo im Hintergrund auf. Auf seinem Lieblingssessel mit der Zeitung oder über wichtige Akten gebeugt an seinem Schreibtisch, die für Romy jeden Tag gleich aussahen und völlig ohne greifbaren Inhalt waren. Romy fand es immer angenehm, dass er auch da war. Ohne ihn hätte wohl etwas gefehlt. Aber mehr so, wie wenn ein Bild abgehängt wird und dann an der Stelle etwas fehlt oder ein Möbel aus dem Zimmer rausgerückt wurde und sich da jetzt vorübergehend eine Lücke auftat. – Wenn ihre Großmutter zu Romy sagt: „Du hast mir so gefehlt", dann war das ein anderes Fehlen. Das spürte sie. Und sie fingen an, sich immer wieder zu fehlen und zu vermissen, wenn sie sich mehr als zwei Wochen nicht sehen konnten.

In gewisser Weise war das Romys erste Frauenfreundschaft. Dazu gehörte, dass sie über alles reden konnten, dass nichts zwischen ihnen stand, und dann war da dieses wohligvertraute Gefühl, dass sie ja auch verwandt waren.

Romy freute sich an diesem Nachmittag auf alles, worauf man sich als Privilegierte bei einer Großmutter freuen konnte: ihr Lieblingssessel, Barfuß-Laufen, das sie aus unerklärlichen Gründen zu Hause nicht durfte, länger Fernsehschauen und Geschichten aus ihrer alten Zeit, wie es die Großmutter immer nannte. Außerdem war sie die Person, die alles erklären konnte, was Romy in ihrer kleinen Welt noch nicht begreifen konnte. Die Großmutter hatte ein Talent dafür, in einfachen Worten zu erklären, warum die Welt so und nicht anders geordnet ist.

An diesem Tag war es die Geschichte mit dem Namen. Mit nur knapp fünf Jahren war es Romy schon seit einer Weile aufgefallen, dass das Namensschild auf der Klingel und dem Briefkasten am Hauseingang ihrer Großeltern mit einem anderen Buchstaben anfing als auf ihrer Klingel zu Hause und auch, dass dieser Name viel länger war als ihr eigener. Das wollte sie immer schon einmal fragen, warum das so war. Und auch, warum sie sich am Telefon immer mit „Paldauer" meldete, weil sie das von zuhause eben auch anders kannte. Ihre Mutter sagte da immer: „Wieg." – „Wieso ist das so? Wir sind doch eine Familie."

Um ihr diese Stammeslinien zu erklären, führte ihre Großmutter dann das Wort „Mädchenname" ein, ein Umstand, der dafür zuständig war, dass ihre Mutter jetzt nicht mehr so hieß wie ihre Großmutter. Romy hatte sichtlich Probleme, zu verstehen, wie man seinen Namen einfach hergeben konnte, den man von seiner Mutter hatte. Und warum das nur die Mädchen taten. Ihr Onkel hieß weiterhin Paldauer. Das fand sie unlogisch. Immer wieder versuchte Oma, ihr das klar zu machen, dass es für junge Frauen eine Zeit vor und nach der Hochzeit mit einem Mann gebe, der dann seinen Namen für das Paar „gibt", der dann später auch für die Kinder gilt. Ein bisschen konnte Romy schon erahnen, dass der Name bei einem Mädchen etwas darüber sagt, ob man einen Mann hatte oder nicht. Mädchenname. Der „vorheiratliche" Name. Die Zeitrechnung lautete: vor der Heirat – nach der Heirat. Das war die Ordnung. Für Frauen. Die Hochzeit als Bezugspunkt. Ihre Oma hatte ihr beigebracht, dass Mädchen das ist, was noch ohne Mann ist.

Gleichzeitig hatte das Wort „Mädchen" für Romy auch den Anklang von etwas Niedlichem, Liebem und Kleinem.

Mädchenzimmer

Romy stellte sich immer mal wieder vor, wie es sei, wenn sie blaue Augen hätte oder blonde Haare oder vielleicht beides. Tatsächlich glaubte sie damals, dass man mit einem anderen Aussehen automatisch auch andere Eigenschaften hätte. Wie durch ein Wunder. Vielleicht wäre es aber einfach auch nur so, dass die anderen dann geglaubt hätten, man sei anders.

Sie fragte sich zum Beispiel, warum sie in der Schule so oft zur Rede gestellt wurde, warum man ihr immer sagte, sie sei zu laut, zu wild, zu unordentlich, zu vergesslich oder zu unkonzentriert. Und sie schöpfte den Verdacht, dass ihre Freundinnen, die anders aussahen, weniger Ärger bekamen. In Romys kindlicher Vorstellung war das verbunden mit blonden Haaren und blauen Augen. Ihre Mutter meinte, dass alle Kinder immer denken würden, dass sie benachteiligt würden und dass sie froh sei, dass sie diese dunklen Haare und Augen habe, weil sie am allerbesten zu ihr passten. Vielleicht war das mit den Haaren und den Augen auch nur ein unbeholfener Reflex von Romy, um etwas zu überspielen, was offensichtlich „nicht richtig" an ihr schien. Zu laut, zu unordentlich, irgendwie zu wild.

In ihrem Zimmer hatte sie diesen geheimen Schrank. Der Schrank war äußerlich der ganz normale Zimmerschrank, in dem die Sachen, die man in diesem Alter so hatte, untergebracht waren. Links die Kleider, rechts alles, was mit Schule und Freizeit zu tun hatte. Und genau hier war es Romy gelungen, eine kleine Welt zu schaffen, die niemals aufgeräumt werden sollte. Für Romy war das ihre Art, Dinge zu sortieren oder zu vermischen. Nichts stand oder lag zufällig da, wo es lag. Die Muscheln aus dem Bretagne-Urlaub neben den Notenblättern aus den Klavierstunden, die sie wegen einer längeren Krankheit abbrechen musste. Mit Wasser gefüllte kleine Fläschchen neben Glitzerperlendosen, eine verdorrte Pflanze, die sie nicht wegschmeißen wollte und die sie angefangen hatte, in ihren trockenen Brauntönen schön zu finden, einige bunte Tücher, die sie aus der Altkleiderkiste ihrer Mutter herausgefischt hatte, bevor sie sie zum Container brachte. Ihre Lieblingsstifte, obwohl sie sie nie benutzt hatte, die sie von ihrer besten Freundin geschenkt bekommen hatte. All das hatte eine nahezu heilige Ordnung in ihrem Schrank.

Ihre Bücher standen in einem Extraregal und alle Spiele, die in dieser Familie allen gemeinsam gehörten, standen bei Romys Bruder im Schrank. Dort waren sie griffbereit und nach Größe geordnet und gestapelt. Und es war natürlich auch normal, dass man an den Schrank ihres Bruders ohne zu fragen gehen durfte, weil dort Dinge drin standen, die allen gehörten. An Romys Schrank durfte niemand außer ihr. Ihr Schrank war ihr Innerstes, ihr Refugium, ihr Ureigenes.

In einer Nacht wachte Romy mit dem Gefühl auf, dass irgendetwas mit ihr nicht stimmte. Sie knipste das Licht über ihrem Bett an und erkannte auf der Uhr auf dem Regal, dass sie noch drei Stunden hatte, bis sie aufstehen müsste. Etwas unscharf erkannte sie im Dunkeln die Umrisse der Möbel in ihrem Zimmer. Die Kleider, die über ihrem Stuhl hingen, die Bücher- und Heftestapel auf ihrem kleinen Tisch, die Sportsachen auf dem Boden. Sie erinnerte sich fetzenhaft an ihren Traum und dann auch wieder an das seltsame Gespräch mit ihrer Mutter am Abend zuvor. In dem Traum gab es einen Aufpasser, jemand, der überdimensional groß war, und der, ohne zu fragen, einfach ihren Schrank öffnete und sagte, dass „so etwas" unmöglich in einem Mädchenzimmer stehen könne. In dem Traum wurde Romy bewusst, dass sie in ihrem Zimmer etwas beherbergte, was nicht zu einem Mädchen gehören konnte. Jetzt fiel ihr – ganz allmählich – der Satz wieder ein, der ihr vor dem Einschlafen noch durch den Kopf ging, kurz nachdem ihre Mutter das Zimmer verlassen hatte.

„Dein Zimmer ist so unordentlich – für ein Mädchen." – Das hier sei doch kein Mädchenzimmer.

Frauenzimmer

Immer wieder fiel es Romy auf, dass Wörter, die man für manche Leute benutzte, diese in ein ganz anderes Licht rücken konnten. – „Fräulein" war so ein Wort, ausgesprochen wie „Frollein" hatte es etwas vordergründig Anständiges und gleichzeitig wurde bei der Verwendung des Begriffs zweifellos auch noch etwas Ermahnendes und Besserwisserisches mitgeschickt und meistens „von oben herab". Die „Frollein-Variante" kannte Romy eigentlich nur von Lehrern oder anderen Männern, die in irgendeiner Weise an Kindern miterziehen. „Frollein, das geht heute nochmal so durch. Das nächste Mal hat das aber Konsequenzen…" – Gleichzeitig fühlte sie sich, wenn sie so angeredet wurde, immer ein wenig namenlos. Der Begriff passte ja für alle Mädchen gleichermaßen.

Als Romy – vielleicht als sie 11 Jahre alt war – zum ersten Mal das Wort „Frauenzimmer" bewusst aus dem Munde ihres Vaters aufschnappte, hatte sie ein Problem mit „Zimmer". – Gab es eine Verbindung zu Mädchenzimmer? Und wie hatte so ein Frauenzimmer zu sein, damit es ein richtiges Frauenzimmer war? – Erst später konnte sie einordnen, dass ihr Vater damit eine Frau als Person meinte, oder besser gesagt, einen ganz speziellen Typ Frau – nicht unbedingt sehr anerkennend oder wohlwollend gemeint – und trotzdem schwang für Romy in dem Wort auch etwas Geheimnisvolles mit. Etwas wie: Frauen, die wohl lieber „unter sich" sind, Frauen, die Freiräume brauchten, da, wo ihre ganzen „Frauenthemen" stattfanden. Romy fiel diese Schattierung sehr wohl auf, wenn ihr Vater das Wort verwendete. Romy kam es so vor, als ob „Frauenzimmer" etwas war, worauf Männer anders schauten als Frauen. Etwas, wohin Männer keinen Zutritt bekamen – sei es als Frauentyp oder als Begegnungsraum. Als allererstes stellte sich Romy natürlich ihre Großmutter als Frauenzimmer vor.

Ihre Mutter und ihre Großmutter haben dieses Wort allerdings nie benutzt. Romy würde dieses Wort also auch nicht benutzen – schon aus Solidarität. Und trotzdem wollte sie genauso sein, wie sie sich ein Frauenzimmer vorstellte: immer auf der Suche nach einer eigenen Ordnung, auf der Suche nach Seelenverwandten, nach inneren Freiräumen in einem Leben, das offenbar in ganz vielen Bereichen von einer äußeren Ordnung vorgegeben war.

Sie konnte nie genau einschätzen, ob Männer, wie auch ihr eigener Vater, den Anteil „Frauenzimmer" in ihrer Mutter mochte oder nicht. Freiräume hatten ja gute und schlechte Seiten und was, wenn man aus manchen Räumen nicht mehr zurückkommen würde?

Was Romy gleichzeitig umtrieb, war natürlich auch die Frage, ob es Vergleichbares auch für Männer gab. Männerzimmer. Gab es für Männer auch Freiräume, Rückzugsräume, Seelenverwandte, …? – Das wäre eine Frage, die sie eigentlich mit ihrer Großmutter oder mit ihrer Mutter hätte besprechen müssen. Mit dem Älterwerden gab es dann aber immer wieder zu viele andere Themen.

Frauenhaus

Nach den Sommerferien, als Romy in die 8. Klasse kam, war Ella, das Mädchen, mit dem sie nur in Religion zusammen war, nicht mehr da.

Sie hatten sich in den letzten Wochen vor den Ferien immer mehr angefreundet, es aber irgendwie nicht geschafft, sich in den Ferien auch einmal zu treffen. Es schien kompliziert, etwas mit ihr zu vereinbaren und dann waren da noch die ganzen anderen Freunde aus Romys Clique und zweieinhalb Wochen war sie mit ihrer Familie dann auch noch am Atlantik in Frankreich. Sie freute sich in der Religionsstunde eigentlich immer nur auf Ella, mit der sie ganz ungewöhnliche Geschichten teilte. Sie hatte den Eindruck, dass sie eine der ganz wenigen war, die sich überhaupt nicht verstellte, die sich nicht schämte, auch über Dinge zu reden, die einem normalerweise unangenehm waren. Ihr gesamtes erstes Date, das komplett in die Hose gegangen war, hatte sie Romy haarklein erzählt. Vielleicht war auch diese begrenzte Zeit einer Religionsstunde zweimal in der Woche der Antrieb, um aus dieser Zeit einen besonderen Freundschafts- und Erlebnisraum zu schaffen. Sie teilten Geschichten miteinander, ohne jemals gemeinsam außerhalb dieses Klassenraums tatsächlich etwas zusammen erlebt zu haben und auch ohne zu wissen, wo die andere ist, wenn sie nicht gemeinsam an diesem Ort waren. Ganz anders als die Leute aus der Clique, mit denen Romy fast jeden Tag und vor allem jedes Wochenende unterwegs war, von denen sie aber nicht die gleiche Offenheit kannte, wie sie dies bei Ella erlebt hatte.

Niemand wusste, wo Ella war, ob sie krank war oder irgendwo auf einem Reiserückweg feststeckte, was sich Romy eigentlich nicht hätte erklären können. Offenbar vermissten sie nicht viele andere Mitschüler. Vielleicht hatte sie in ihrer Stammklasse auch gar keine richtige beste Freundin.

Nach zwei Wochen hatte Romy ein seltsames Gefühl und fasste sich ein Herz, um die Klassenlehrerin der Parallelklasse anzusprechen. „Wissen Sie etwas von Ella? Sie ist seit den Sommerferien schon krank." Die Lehrerin wich Romys Blick aus. „Wissen Sie, wie es ihr geht? Kann ich sie vielleicht besuchen?" Die Fragen ließen der Lehrerin wohl nicht sehr viel Spielraum. „Da wo sie ist, geht es ihr gut. Da kannst du beruhigt sein. Aber du kannst sie nicht besuchen." Romy spürte bei der Antwort, dass sich hinter den Worten eine eisige, raue und schonungslose Wahrheit verbarg. Sie hatte nur noch keine Ahnung, welche genau. Sie merkte auch, dass in diesem Fall alle weiteren Fragen keine Antworten liefern würden. Ella schien wie hinter einem Absperrband zu stehen. „Ich würde sie gerne besuchen." Romy gab nicht auf. „Ihre Adresse ist nicht bekannt", kam es aus der Lehrerin – Romy schaute mit völliger Ratlosigkeit in das Gesicht der Lehrerin, die nach ihren Worten kurz schlucken musste und den Blick senkte. Ella konnte unmöglich von zuhause abgehauen sein. So etwas passte überhaupt nicht zu ihr. Als die Lehrerin wieder vorsichtig aufschaute, beeilte sich Romy zu sagen: „Aber ihre Mutter muss doch wissen, wo Ella ist", wie um den letzten Restzweifel aus dem Weg zu räumen. „Romy, Ellas Mutter ist mit Ella in ein Frauenhaus gezogen. Und wenn man so etwas macht, dann gelten dort andere Spielregeln. Dazu gehört, dass niemand anderes weiß, wo man wohnt." – In Stresssituationen wie dieser hatte Romy immer das Gefühl, dass die Erwachsenen unklar, undeutlich oder unvollständig die Dinge erklärten. „Frauenhaus" hörte sich zunächst in ihren Ohren fortschrittlich an, ein Haus mit Rückzugsmöglichkeit, eine Art Wohngemeinschaft. „Andere Spielregeln" konnte sie hingegen nicht deuten. Und nicht zu sagen, wo man wohnt, ist eine Spielregel, für die Romy keinen Platz in ihrer Vorstellung fand. Sie musste sich jedoch – so wie es aussah – vorerst mit diesen Informationen zufriedengeben und wollte für den Moment auch nicht mehr Neues und Unklares und vermutlich auch Erschreckendes hören. Sie ließ die Lehrerin grußlos stehen und ging gedankenverloren den Gang entlang zurück zu ihrem Klassenzimmer.

Als ihre Mutter ihr am Nachmittag erklärte, was es mit einem Frauenhaus auf sich hat, war Romys erstes Gefühl Wut. Wut darüber, dass so ein harmloses Wort für diese grausame Wahrheit benutzt wird. Wut darüber, dass ihre Mutter ihr das Ganze so erklärte, als sei es fast wie eine Zwangsläufigkeit, dass es so etwas gibt, geben muss. Wut darüber, dass Ella aus ihrem Haus raus musste, obwohl doch eigentlich Ellas Vater da raus müsste. Dann schloss sie sich in ihr Zimmer ein und begann hemmungslos zu weinen über ihre Freundin, die gerade in einem Haus mit Frauen war, das niemand kannte.

Freudenhaus

Romy lebte seit Jahren mit ihrer Familie außerhalb der Großstadt. Dortmund war irgendwann für alle zu anstrengend, zu laut und zu unübersichtlich geworden, wie es Lionel irgendwann einmal auf den Punkt brachte. Jetzt wohnten und arbeiteten sie in einem umgebauten alten Gutshof im Sauerland und Romy nahm es gerne in Kauf, einmal in der Woche die Strecke von Bad Berleburg nach Dortmund zum Sendestudio zu fahren, um sich ihre Arbeit für die Woche abzuholen, die sie dann zuhause erledigen konnte. Lionel war Musiklehrer und hatte an mehreren Orten in der Umgebung Lehraufträge. So waren sie in der Lage, in abwechselndem Rhythmus auf Magali aufzupassen, die im nächsten Herbst in die Schule kommen würde. Lionel vermisste zwar auch im Sauerland noch immer das Meer mit seinen wilden Gezeiten, die er schon nach der Übersiedlung von Brest ins Ruhrgebiet vor knapp zehn Jahren hinter sich lassen musste, aber dennoch kam er hier auf dem Land erstaunlich schnell mit der westfälischen Mentalität zurecht. Vielleicht erinnerte ihn diese ja sogar ein wenig an die Wesensart seiner Landsleute in seiner Heimat im Finistère.

Romy hatte sich nur langsam an den wortkargen, zuweilen etwas unwirschen Menschenschlag gewöhnen können, war aber nach einer Weile auch dort „angekommen". Freunde und Kollegen besuchten sie jetzt gerne an verlängerten Wochenenden, da viele von ihnen Lust auf das Aufleben alter gemeinsamer Zeiten hatten – und das Ganze immer auch gerne mit einer Landpartie verbanden.

Eine Zeit, in der sich alles in gewisser Weise einrüttelte. Alle schienen an ihrem Bestimmungsort angekommen zu sein, alte Netzwerke funktionierten, neue Netzwerke entstanden, Dinge entwickelten sich, wenn auch Manches immer wieder einmal zerbrach. Man hatte sich eingerichtet und an Höhen und Tiefen gewöhnt. Bei allen Geschichten, die so in ihrem Umkreis stattfanden, dachte Romy immer wieder, dass sie – mit allem, was sie hatte – wie auf einer Insel des Glücks trieb.

Für das Osterwochenende hatte sich Katharina angemeldet. Das war ungewöhnlich, da es in den Familien in ihrem Umkreis so etwas wie eine stille Absprache gab, dass man über die Feiertage – unabhängig von gelebter Religion – in seinen Familien war und man für die Zusammenkunft der Freunde eher die anderen Wochenenden nutzte. Für Romy war das aber trotzdem ok, und Lionel war in diesen Dingen sowieso nicht so orthodox. Für Magali war es neu und deshalb spannend. Katharina hatte sich in Bad Berleburg bei Romy angekündigt, weil ihr Mann mit den beiden Kindern in den Dolomiten zum Wandern war. Ursprünglich wollten sie dort zu Viert hin, aber Katharina hatte sich wegen einer Meniskusverletzung Anfang des Jahres entschlossen, nicht mitzufahren, wie sie es Katharina am Telefon sagte. Romy fand die Idee mit den gemeinsamen Osterfeiertagen sofort gut – weil auch Romys Eltern dieses Jahr zu Ostern erstmals nicht zum Gutshof kommen würden. Als rüstige Rentner waren sie zum Radfahren auf Mallorca. Lionels Eltern kamen sowieso fast nie nach Deutschland, auch weil sie wussten, dass sie sich jedes Jahr im Sommer für vier Wochen im Finistère trafen. Es passte demnach alles.

Es waren wundervolle Ostertage, völlig stress- und organisationsfrei, bei denen jeder auf seine Kosten kam. Sie verbrachten unbeschwerte Zeit miteinander. Der häufige Regen hielt sie nicht davon ab, die Natur in vollen Zügen zu genießen, die Weitläufigkeit des Hauses auszukosten und bei ausgedehnten Mahlzeiten in alten Erinnerungen zu schwelgen.

Romy und Katharina kannten sich schon aus ihren Kindertagen vor dem ersten Schultag. Sie wohnten in derselben Straße, waren auf denselben Spielplätzen, als ihre Mütter noch mit dabei waren, weshalb diese sich auch angefreundet hatten. Später – in der ersten Klasse – waren sie vom ersten Tag an unzertrennlich. Sie wollten unbedingt zusammen Klavier spielen lernen und konnten ihre Mütter dann auch dazu überreden, sich bei einem Privatlehrer anzumelden. Später dann waren sie dummerweise in dieselben Jungs verliebt, was aber alles irgendwie gut überstanden wurde. Sie bekamen fast zum gleichen Zeitpunkt ihr jeweils erstes Kind und begegneten sich in Dortmund, kurz bevor es soweit war, beim selben Frauenarzt. Immer wieder schrieben sie so neue, gemeinsame Kapitel, auch wenn beide seit einiger Zeit in eigenen familiären Szenarien angekommen waren.

Da war diese Freude in Katharinas Stimme und in ihren Augen – jedes Mal, wenn sie Zeit miteinander verbrachten. Dabei hatte sie in den letzten Monaten und Jahren einige Schicksalsschläge hinnehmen müssen, die über das normale Maß hinausgingen. Nach dem bewaffneten Einbruch in ihrem Ferienhaus auf Sylt kam kurz darauf auch noch der Vorwurf der Bilanzfälschung in der Firma ihres Mannes und zuletzt die Geschichte mit ihrer Tochter, die nach einem Unfall im letzten Jahr für vier Monate zu einem Pflegefall wurde, was Katharina dazu veranlasste, sich beruflich zu verändern, damit sie diese schwierige Zeit stemmen konnte. Sie war beruflich „Optimistin", wie Romy immer wieder feststellte. Egal, was sie anfing, es wurde zum Erfolg. Und als Jenna wieder laufen konnte und Katharina das ganze Schulpensum mit ihr nachholte, während ihr Mann zu dieser Zeit wieder viel auf Geschäftsreisen war, beklagte sie sich nicht ein einziges Mal. Das bewunderte Romy zutiefst. Das Ganze wickelte sie ohne helfende Eltern oder Schwiegereltern im Hintergrund ab.

Jetzt hatten sie noch ein paar Stunden vor Katharinas Heimfahrt und es war eine Freude, den gerade anbrechenden Morgen dieses Ostermontags, wo die beiden anderen noch schliefen, mit der alten Freundin alleine zu verbringen. Sie schoben die Weingläser, die vom Vortag noch nicht abgeräumt waren, beiseite und setzten sich an den großen Küchentisch in die Morgensonne, die um diese Zeit schon durch die große Terrassentür der Küche hereinschien. Katharina würde um die Mittagszeit zurück nach

Karlsruhe aufbrechen. Vielleicht würden sie vorher noch kurz mit Magali zum Nachbarshof zu den Pferden gehen.

Katharina hielt mit beiden Händen ihren Kaffeebecher, wie um sich daran zu wärmen, als sie sagte, dass Johannes sie seit fünf Jahren betrog. – Das saß. Romy konnte nichts sagen und Katharina setzte nach: „Erst mit seinen Kolleginnen auf seinen vielen Fortbildungen und Geschäftsreisen, dann mit Callgirls, Escort-Damen, später dann mit Prostituierten. Ich weiß es über Umwege seit letzter Woche." Romy rang nach Fassung, griff nach Katharinas Hand…

Dann sprudelte es ungebremst aus Katharina hervor, vermutlich ahnend, dass diese Erzählung halbwegs beendet sein müsste, bevor Lionel oder Magali in die Küche treten würden. Auch deshalb versuchte Romy, sie möglichst nicht zu unterbrechen.

Was sie da hörte, war die Zusammenfassung einer Geschichte aus dem Mund einer Vertrauten, die sich anhörte wie ein miserabler Roman, schmierig, jämmerlich und erbärmlich. Mit den Worten einer Frau, die im Begriff war, das alles in einer Art Schockstarre überleben zu wollen und die hier, in der Landhaus-Küche – nahezu im Verlautbarungs-Stil – einen Bericht von etwas ablegte, was schwer auszusprechen war, und die dabei völlig ohne Beschimpfungen auskam. Die Abwesenheit von Wut. Und auch keine Tränen. Keine einzige. Als dann die Wörter „Paartherapie", „Besinnungsphase", „zweite Chance" und „jeweilige Bedürfnisse" fielen, hatte Romy das Gefühl, dass sie die Kontrolle über ihr bisheriges Weltbild verlor.

Als Lionel durch die Küchentür trat, sie sich flüchtig küssten, nahm Romy hastig die Gläser vom Tisch, trug sie zur Spüle, um sie unter dem fließenden Wasser abzuspülen. Dabei fragte sie, ob sie Lionel einen Kaffee machen solle. Sie setzte die Tasse auf dem Tisch ab, öffnete die Terrassentür, trat auf die Terrasse und machte sich eine Zigarette an.

Freudenschimmer

Romy hatte sich schon daran gewöhnt, freitags am späten Nachmittag zum Waschsalon zu gehen, ganz so wie früher, als sie noch in WGs gewohnt hatte, wo keine Waschmaschinen standen und sie zu selten nach Hause zurückfuhr, um mit nur einer Kleiderladung auszukommen.

Jetzt war sie für drei Wochen in Zürich bei einem internationalen „sound-engeneering-crash-course" und würde direkt im Anschluss daran nach Brest fliegen, um dort die letzte Urlaubswoche mit der Familie im Finistère zu verbringen.

Schon am ersten Abend, als sie in den Waschsalon am Kalanderplatz, nahe ihrer Unterkunft, getreten war, ist ihr diese Frau aufgefallen, die in ihrer Gesamterscheinung in dem grellen Neonlicht strahlte. Sie mochte wohl Anfang zwanzig gewesen sein – ihre strahlenden Augen in ihrem dunklen Gesicht, die bunten Tücher, die jedes Mal kunstvoll und mühelos leicht wirkend um ihren Kopf geworfen waren und ihre jedesmal schöner und auffälliger wirkenden Kleider. Weich fallende, glänzende Stoffe und aufwändige Muster umspielten ihren Körper, von dem man nur eine vage Ahnung bekam. Selbst in der Waschmaschine hinter dem Bullaugen-Glas leuchteten diese intensiven Farben ihrer nassen Wäsche. Diese Farben lieferten einen Kontrast zu dem tristen Waschsalon. Hier vermischten sich ansonsten nur Grautöne mit dem gleichförmigen Dreh- und Stopp-Rhythmus-Geräusch der acht Waschmaschinen und dem seifigen Geruch in der feuchten Luft.

Als sie – gemeinsam wartend – ins Gespräch kamen, erfuhr Romy, dass sie aus Rastatt kam und den Sommer in Zürich verbrachte, für einen „Job", wie sie sagte. Was genau das war, hatte Romy nicht richtig verstehen können. Sie unterhielten sich über die unterschiedlichen Kleider, über die Tücher und Schleier und die Miniröcke der Schweizerinnen und Deutschen. Dabei lachten sie viel, während sich ihre Wäsche vor ihnen drehte.

Am darauffolgenden Freitag erzählte die Frau mit den bunten Kleidern, dass sie vor einem halben Jahr aus Somalia gekommen sei und gerade einen Deutschkurs in Rastatt besuche, den sie allerdings für diesen „Job" hier unterbrochen habe.

Bei ihrem dritten Waschfrauen-Tag stellten sie sich einander vor. „Romy ist ein schöner Name", sagte die bis dahin namenlose, wunderschöne Frau aus Somalia – oder aus Rastatt – und dann erklärte sie die Bedeutung ihres Namens „Hidaya". – Die feuchte Hitze in dem Salon trieb den beiden nacheinander die Schweißperlen aufs Gesicht und die Frage stand sozusagen im Raum, wie das Wetter sich unter diesen schönen, aber warmen Kleidern aushielt. Sie habe schon mehrmals versucht, ihr Kopftuch draußen abzunehmen, damit sie sich so fühle wie die anderen. Dann habe sie sich aber komplett nackt gefühlt. Sie hatte den Eindruck, dass alle nur auf ihre Haare schauten, auf nichts anderes sonst, und das habe sich angefühlt wie in einem Traum, in dem man plötzlich – mit nichts am Leib – den Blicken aller anderer ausgesetzt ist. Romy war beeindruckt, wie klar sie das mit ihrem bruchstückhaften Deutsch ausdrücken konnte.

Hidayas Maschine war zuerst fertig und Romy sah ihr zu, wie sie die bunten Kleidungsstücke aus der Trommel nahm. Dann zog sie ein an der Trommelinnenwand haftendes graues Kleidungsstück hervor und schüttelte es kurz auf. Ein schmal geschnittenes T-Shirt von „Superdry". Sie legte es auf die anderen Kleider und leerte dann weiter die Trommel.

Als sie die letzte Bluse auf ihren Wäschekorb legte, bevor sie damit zu den Trocknern lief, sagte sie: „Wenn wir zuhause in unserem Zimmer sind, laufen wir in Hotpants, Jogginghosen und T-Shirts rum und wir tanzen, so wie es uns gefällt. Draußen zeigen wir mit den Farben unsere Freude. In unseren Zimmern freuen wir uns, so zu sein, wie wir wirklich sind." Romy versuchte sich vorzustellen, wie Hidaya in ihrem Zimmer wohl aussah. Wie ihre Haare aussahen, ihre fraulichen Formen, ihre Haut.

Dann hörte sie das kurze Klicken, das auf das Ende des Waschprogramms hinwies, bevor ein Piepston darauf aufmerksam machte, dass ihre Maschine jetzt ausgeräumt werden solle.

Eva Booz

53 Jahre

Sozialpädagogin

Eva Booz

Keine Malerin

Vor Jahren wollte ich mit dem Malen beginnen. Zu meinem 30. Geburtstag bekam ich Pinsel, Farbe, Block, ein Kunstbuch und fing an. An meinem 30. Geburtstag war ich unglücklich. Ich weinte verpassten Chancen meiner Jugend und ein paar Ohrringen nach, die ich mir heimlich gewünscht und nicht bekommen hatte. Ich sehnte mich danach, mich selbst auszudrücken, mich selbst zu verwirklichen, den Dingen einen Sinn zu geben.

Kurz und gut – ich kann nicht malen, es macht mir nicht einmal Spaß. Meine innere Künstlerin ist keine Malerin – wir beide haben uns da inzwischen geeinigt. Sie ist eine Schreiberin, eine ziemlich faule zugegebenermaßen. Aber, wenn sie und ich, an den richtigen Tagen, in der richtigen Stimmung, mit ein bisschen Zeit und einem leeren Blatt zusammenkommen, dann ist da etwas, was kein Pinsel und keine Farbe aus mir herauslocken könnten.

Das Älterwerden bringt die Freude des Weglassens mit sich. Es nimmt den Druck, etwas zu wollen, was nicht ist. Es bringt mich näher an den Tod – ok, nicht so toll – aber vielleicht bin ich an meinem letzten Tag an einem Punkt im Leben, an dem ich am deutlichsten – also, so klar wie nur irgend möglich weiß, wer ich bin – mit meinen Talenten und Mängeln. Und dann: Fertig aus! Gar nicht so übel, die Vorstellung.

So übe ich mich im Weglassen und fülle die freien Räume mit Beobachtungen, die meine Geschichten bunter machen und mit sonstigem Kram, der einfach nur Freude macht.

Eva Booz

Dampfnudeln und Fische

Am siebten Mai habe ich die Fische zum ersten Mal gesehen. Am siebten Mai habe ich in der Mittagspause auf dem Markt eine Pfälzer Dampfnudel mit Vanillesauce gegessen. Am siebten Mai war ich froh. Die Fische schwammen in der Murg, direkt unter der Brücke, mitten in Rastatt. Es waren viele – 50, 100, 200…? Es sah aus, als stünden sie im Wasser. Ich wusste nicht, was sie da machten – ob an dieser Stelle besonders gutes Futter in ihre Mäuler gespült wurde oder sie sich zum meditativen Laichen trafen – keine Ahnung. Kein Internet und keine der Kolleginnen konnte mir das sagen. Ich wusste nicht, wie die Fische heißen – sie waren groß, forellenartig – ich fand sie toll. Manchmal schwamm plötzlich ein Fisch vor den anderen und nahm eine neue Position ein, in der er verharrte mit leichtem Flossenschwingen. Am siebten Mai war das Wasser in der Murg glasklar, es floss Richtung Rhein, unbeirrt, unaufhörlich. Ich hätte den Fischen und dem Wasser stundenlang zuschauen können. Meine Finger waren noch ein bisschen fettig von der Dampfnudel, ich lächelte, als ich ins Büro kam.

Inmitten dieser Corona-Scheiße, nach dem Umzug letztes Jahr, dem Wechsel im Job, ein schönes Gefühl. Nicht, dass ich unglücklich wäre. Ich habe die richtigen Entscheidungen getroffen. Die Kollegen sind nett, das Büro groß, die Wohnung im Grünen, die Nachbarschaft hilfsbereit, die Wege kurz, seine Werkstatt gleich da unten, die Winter mild, die Burg vor dem Fenster, das Festspielhaus fußläufig und ich – nicht angekommen. Ich fühle mich fremd mit mir, komme nicht nach. Ich bin saumäßig nett, ruhig, ausgeglichen. Will einen guten Eindruck machen, bin einfach nur langweilig! Ich sehe mich mit den Augen der Anderen und sehe nicht mich. Ich bin eine große Unverbindlichkeit.

Ich frage mich, wo ich hingehöre und wer ich bin. Tatttaaa!!! Was für große Fragen. Ich frage mich, wen ich mag und wer mich mag und an wem mir wirklich etwas liegt. Ich frage mich, warum ich nicht mehr bin, wie ich war oder ob ich nie so war, wie ich das gerne hätte. Es geht mir nicht schlecht. Es geht mir gut. Ich werde geliebt. Aber es gibt Tage, da könnte ich kotzen

– ja, das ist Jammern auf hohem Niveau, aber ich könnte halt kotzen. Dann hilft nur ins Bett liegen, um nicht alles an ihm auszulassen. Dann drücke ich auf dem beschissenen Handy rum und schlafe irgendwann ein.

Wenn ich über die Brücke gehe, schaue ich immer nach den Fischen. Mal sind es viele, mal sind es weniger. Wenn es geregnet hat, ist das Wasser braun und trüb, an Sonnentagen so klar wie am siebten Mai. Und die Moral von der Geschicht': Alles ist im fluss, die Natur geht ihren Weg und so auch du? Nein. Die Moral ist, dass Fische und Dampfnudeln froh machen können und das ist richtig viel, finde ich.

Der schönste Augenblick

Gibt es den schönsten Augenblick im Leben? Die meisten glauben wohl, das Schönste stünde noch bevor.

Du stehst im Wasser, das schwarze Kleid mit beiden Händen an den Beinen hochgerafft. Du lachst und dein Mund ist groß und die Lippen sind weich, das kann man sehen. Du rufst und dann lachst du wieder und hebst den Fuß aus dem Wasser. Dein Fuß ist schön, nass ist er noch schöner. Du rufst, ich kann es nicht verstehen, ich weiß, es hört sich gut an. Du streckst die Hände in die Luft, der schwarze Stoff fällt aufs Wasser, als wäre er fürs Wasser gemacht, für deine Beine, die er umspült.

Und wenn er das ist, der schönste Augenblick?

Ich winke dir zu von meinem Platz auf dem Stein und ich rufe: „Ich liebe dich." Ganz einfach ist das und ich bin fröhlich und du winkst zurück. Und wenn ich's jetzt nicht gesagt hätte, dann vielleicht nie. Weil er's vielleicht war, der schönste Augenblick.

Nike (im Badischen Landesmuseum)

Ach Nike, was heißt schon siegen?
Mit gebrochenen Flügeln und gebrochener Brust glaubst du immer noch,
dass man es schaffen kann, wenn man nur will.
Aber was Nike, was schaffen?

Viel ist es nicht, was von dir übriggeblieben ist. Terrakottafederzipfel, dein
Gesicht – und doch so viel Zuversicht. „Du kannst es schaffen, du schaffst
es, du schaffst es…", das ist dein Gesang. Ja, ich höre es. Ich höre es ja, Nike.
Und ich weiß ja auch, was ich schaffen will, irgendwie. Aber dann Nike,
was ist dann? Lässt du mich dann in Ruhe? Lässt du mich dann zurück bei
den Vögeln und der Sonne und dem Gras? Kannst du das?

Muss ich denn stetig streben, Nike? Ist ein einigermaßen anständiges Leben nicht Sieg genug? „Was heißt schon anständig?", höre ich dich sagen.
Und, du hast ja recht und was sollst du sonst auch sagen – du bist die Sie-
gesgöttin. Du bist stark. Das gefällt mir und es macht mir Angst.

Nike, ich will ein Stück mit dir eilen, immer vorwärts, weil du so schön bist
und ohne Furcht.
Dann sehe ich weiter.

White Room

Zu sechst saßen wir in einer Altbauwohnung, drei Männer, zwei Frauen und Marita. Auf knarzenden Rattan-Sesseln um einen runden Tisch tranken wir ein warmes Getränk, das nach grünem Tee und Würstchenwasser schmeckte. Marita blickte freundlich in die Runde, an der Wand hinter ihr hing, nicht groß, ein gerahmtes weißes Blatt. Your room – white room, stand in klaren Lettern darauf, Schriftart Verdana, dachte ich. Die Männer begannen zu erzählen. Sie erzählten von Angst, Stress, Verlassenwerden, von der Suche nach dem Sinn. Tränen flossen und es fand sich nur schwer ein Punkt für all die Sätze. Dann waren wir Frauen dran, ich begann. Ich sprach von meinem Mann, meinen Kindern, meiner Arbeit, meinem Leben. Ich erzählte von Kathrin, die mich hergeschickt hatte, die gesagt hatte, dass ich es nicht bereuen werde. Nicht die Zeit, nicht das Geld, rein gar nichts. Ich legte den Umschlag mit den siebentausend Euro vor mich auf den Tisch, so wie es die Anderen vor mir getan hatten. Zum Schluss sagte ich: „Ich bin nicht unglücklich, ich bin nur nicht glücklich." Hier setzte ich meinen Punkt, schnell und fest. Marita lächelte mir verständnisvoll zu, sie hob ihre Tasse und wir taten es ihr nach. Der Räuchertrank schmeckte lau. Was die Letzte in der Runde sagte, ging an mir vorbei. Ich war vertieft in mein Nichtglück und wiederholte, mit meinen Augen auf dem Blatt, immerfort: Your room – white room. Dann sammelte Marita die Umschläge ein. Sie sagte, wir könnten das Geld jederzeit zurückhaben, wenn sich die Sache nicht innerhalb einer Woche zu unserer vollsten Zufriedenheit entwickelt habe. Sie erklärte nichts, legte die Umschläge in ein Bastkörbchen auf einer rotlackierten Asia-Kommode und entließ uns in die abendliche Stadt. Eine freundliche Schamanin, auf der alle unsere Hoffnungen lagen.

Schon am Bahnhof begann ich zu warten. In der Bahn dachte ich an die siebentausend Euro. Ich rechnete sie in gebrauchte Kleinwagen, Designersofas, Elektrogeräte, Ibiza-Flüge um. An meinen Mann dachte ich nicht.

Drei Tage lang passierte nichts. Dann war er plötzlich da: My room – white room.

Er war etwa zehn auf zehn Meter groß – leer, hoch und vollkommen weiß. Ich setzte mich auf ein langes Sofa, das plötzlich dastand. Es war Stille. Ich war Stille. Ein blauer Fisch schwamm vorbei. Er schaute mich an und verschwand in der Ferne. Irgendwo schien eine Sonne und wärmte mein Gesicht. Ich sang ein Lied, das ich nicht kannte, es wurde erst jetzt. Meine Stimme war bislang ungehörter Wohlklang. Mein Herz schlug, die weißen Wände schickten das Echo in mein Ohr. Du lebst, flüsterte mein linkes Ohr in mein rechtes Ohr. Was hast du denn gedacht, flüsterte mein rechtes Ohr in mein linkes Ohr. Mein Wille war nicht. Mein Körper war nicht. Ich war nicht. Der Fisch kam zurück und setzte sich zu mir aufs Sofa. Wir tranken Räucherwasser aus riesigen Krügen. Ich trank gierig, doch der Krug leerte sich nicht.

Der Fisch fragte: „Und das Geld?"

Ich sagte: „Geld ist nur ein Wort."

Der Fisch schlug einen Nagel in die weiße Wand und hängte ein Bild auf. Your room – white room, stand in klaren Lettern darauf, Schriftart Verdana, dachte ich.

Sophia Jacques

71 Jahre

Traum-Botschafterin

Sophia Jacques

Unweit meiner großen Familie lebe ich wieder in meinem Geburtsort Baden-Baden.

Nach Ausbildungen im kaufmännischen Bereich, Telekolleg I und zum Organisations-Programmierer, stand für mich bald fest, dass mir der Kontakt zu Menschen wichtiger ist. Diesen erfuhr ich durch mein Engagement als Familienhelferin und die Organisation einer Gruppe für Alleinerziehende.

Nach weiteren Qualifikationen arbeitete ich später in einer Klinik für Psychotherapie und Psychiatrie. Dort war es mir auch möglich, mein spezielles Interessengebiet, das ich schon vor mindestens 40 Jahren für mich entdeckt habe, einzubringen – Symbole in Mythen, Kunst, Religion und besonders Träume.

Die intensive Beschäftigung damit führte mich zu vielen Fortbildungen von Mal- und Drucktechniken bei namhaften Künstlern, was mich so sehr erfüllt, dass ich 2020 gemeinsam mit meiner Tochter ein Atelier für Gestaltung und Symbolik eröffnete – unseren kunsTraum, denn:

„Der Reichtum der Seele besteht aus Bildern"

C.G.Jung – Liber Primus cap.1

Meine Kurzgeschichte hatte ich schon vor einigen Jahren geschrieben, aber durch den Umbau des Klosters musste sie umgeschrieben werden.

Die langjährige Erfahrung meiner Tochter als Fotografin hat mir zudem neue Blickwinkel aufgezeigt und bei ihren Ausstellungen konnte ich einiges über die Wirkung von Worten und Präsentation mitnehmen.

So hat meine Geschichte nun diese finale Version bekommen.

Mich freut es sehr, dass ich den Wert von Sinn- und Ur-Bildern vielen Menschen auch hier weitergeben darf.

Sophia Jacques

Ein reiches Leben
Eine Geschichte von der Großen und der kleinen Mutter

„Früher hätten wir hier im alten Klosterhof nicht sitzen können", meint Iffi und isst genüsslich von der Schwarzwälder Kirschtorte, „dabei war er für mich schon immer ein besonderer Ort in Lichtenthal, eine echte Oase."
„Ja, ideal zum Meditieren mit ländlichen Gerüchen", lacht Rosemarie, „da floss ja noch die ganze Brühe von den Kühen aus dem Stall in diesen Graben, neben dem wir jetzt unseren Kuchen genießen. Damals waren auch überall die Arbeitsschwestern mit den weißen Schleiern unterwegs, die uns als Kinder weggejagt hatten, wenn wir mal wieder hier spielen wollten. Unsere Schulschwestern mit den schwarzen Schleiern durften da noch gar nicht aus der Klausur. Heute sieht man diese sogar ab und zu im Bus oder in Lebensmittelgeschäften einkaufen. Aber du hast schon recht", Rosemarie schaut sich zufrieden um. „Es ist ein echter Gewinn für Baden-Baden, dass der Stall dieser Klosteranlage vor einigen Jahren zu einem Café umgebaut wurde."

Iffi rutscht ungeduldig auf ihrem Stuhl nach vorne: „Komm, lass mich mal unsere Kinderbilder anschauen. Du hast sie doch nicht vergessen?"

„Nein, das nicht, aber ich habe sie nicht sortiert, sondern alle in dem Umschlag mitgebracht, in dem ich sie aufbewahre", sagt Rosemarie und reicht ihr einen dicken, braunen Briefumschlag.

„Hmmm... na, diese Kinderbilder sind aber nicht von uns", wundert sich Iffi. „Und hinten stehen überall nur Nummern drauf?"

„Oh je, da habe ich wohl den falschen Umschlag erwischt!", entschuldigt sich Rosemarie. „Das sind die Bilder von meinen Geschwistern. Na zumindest von einigen der 22 Zöglinge meiner Pflegemutter."

Iffi blickt erstaunt auf. „Wie, 22 Pflegekinder? Ich dachte immer, du hast mit deiner Schwester hier bei deiner Oma gelebt!"

„Naja, Emmy Zimmer war eigentlich nur meine Pflegemutter, aber für uns eben unsere Mutti. Sie war in meiner Kindheit schon nicht mehr die jüngste, hat aber als ledige Frau bis zuletzt darauf bestanden, Fräulein Emmy Zimmer genannt zu werden, darauf hat sie echt größten Wert gelegt! Ebenso wie auf das Y in ihrem Vornamen. Wir waren ja auch nicht alle auf einmal bei ihr, sondern über mehrere Jahrzehnte verteilt. Einige waren ja nur ein paar Monate da, manche Jahre, aber fast alle eben vor unserer gemeinsamen Schulzeit", erklärt Rosemarie ihrer Freundin aus Kindertagen.

Iffi schaut sich einige der Bilder genauer an. „Wie kam sie eigentlich dazu, so viele Kinder bei sich aufzunehmen? Weißt Du das?"

„Ja, sie hat mir viel von ihrem Leben erzählt. Sie wollte schon immer Kinder um sich haben, aber ich fang wohl besser von vorne an. Sie selbst wurde 1899 hier in Baden-Baden geboren und hat als Tochter einer Hoteliersfamilie nach der Volksschule die Höhere Töchterschule besucht. Da hat sie gelernt, wie man klöppelt, stickt und solche Sachen. Sie durfte anschließend eine Ausbildung zur Drogistin machen, dabei wäre sie viel lieber Säuglingsschwester geworden. Ihr Vater hatte aber immer gesagt: *‚Meine Tochter wischt anderer Leute Kindern nicht den Hintern ab!‘* ", erläutert Rosemarie und nimmt ein paar Papiere aus dem Stapel.

„Schau mal, das hier sind ein paar alte Visitenkarten von ihrem Vater August Zimmer. Er wurde 1863 in Achern geboren und hatte schon als junger Mann in Texas, Mexiko, New York und zuletzt in England als Hotelmanager gearbeitet. Dort hat er dann auch ihre Mutter Rosa geheiratet. Die war eine geborene Kamm aus Lichtenthal und elf Jahre jünger als er."

Iffi entfaltet ein weiteres Fundstück. Einen alten, schwer zu entziffernden, handgeschriebenen Brief und schaut Rosemarie fragend an.

„Oh, das ist der Hochzeitsbrief ihrer Mutter!", ruft diese strahlend, „Frau Kamm, Rosas Mutter, hatte ihn ihr damals zur Hochzeit mit nach England gegeben. Der ist lesenswert, aber er sollte heutzutage besser nicht in Männerhände gelangen!", lacht sie und beginnt ihrer Freundin, den in Sütterlin geschriebenen Text vorzulesen.

Liebe Rosa,
wenn du diese Zeilen zur Hand bekommst, sind nur noch wenige Stunden
und ein neuer Lebensabschnitt nimmt für dich seinen Anfang. Liebe Rosa,
vor allem bitte den lieben Gott um alles, was du nötig hast, um deinem
Stand getreu zu erfüllen und deinem Mann eine brave und getreue Frau

zu sein. Vor allem liebe den Frieden, lerne zu schweigen und verlange nicht immer in allem recht zu haben, denn dein Wille soll deinem Mann unterworfen sein und er soll dein Herr sein, sagt Gott selbst. Sei auch in allen billigen Dingen gehorsam, denn das ist des Weibes Pflicht auf Erden. Auch zeige dich nicht eifersüchtig, denn das ist ein Greul für beide Teile.

Auch und um was ich dich noch bitte: sei keine Putz-Närrin, kleide dich einfach und sauber, denn du hast niemand mehr zu gefallen, nur deinem Mann und manche Mark kann man sparen an solchen unnützen Dingen. Liebe Rosa, sei auch freundlich und gefällig, wo du zu verkehren hast. Doch halte dir keine Freundinnen, viel weniger einen Freund, denn was haben nicht schon alles Freundinnen angerichtet. Ein unbedachtes, un-überlegtes Wort und eine so genannte Freundin zieht Gift daraus und ich denke an deinem Mann hast du Freunde genug. Und Langeweile wirst du keine bekommen, denn wenn ein Haushalt, auch so klein, so findet man immer Arbeit und was ich jah nicht vergessen will, sorge jah, daß deinem Mann seine Sachen in Ordnung sind, denn am Mann erkennt man die Frau. Sei nicht schludrig oder gleichgültig, sage nicht morgen will ich das oder jenes machen, wenn du es heute noch thun kannst. Spare wo und wie du kannst jeden Pfennig, denn 100 sind eine Mark und eine sparsame Frau ist ein Schatz.

Suche soviel in deinen Kräften steht deinem Mann den Aufenthalt zu Hause angenehm zu machen. Sei jah nicht mürrisch und trotzig selbst, wenn du solltest etwas haben, denn es kommt überall etwas vor und es ist nichts trauriger, als wenn eins dem anderen das Leben sauer und ver-drießlich macht.

Liebe Rosa, sollte der liebe Gott dir Kinder schenken, so erziehe sie in der Furcht Gottes und in strengem Gehorsam, lasse sie fleißig beten und sei jah nicht lau in deiner Religion, gehe zur Kirche und bete selbst fleißig. Gebet und Arbeit gibt Gott allzeit.

Liebe Rosa, ich hätte dir noch vieles zu sagen, könnte es nur mündlich geschehen. Allein schreiben kann man nicht so, als wenn man sich aus-sprechen kann und nun zum Schluß beachte und befolge was ich dir da ge-sagt habe und wird dich nie gereuen deiner Mutter gefolgt zu haben, denn ich meine es nur gut mit dir und wenn es dich auch manchmal schwer ankommt, das eine zu thun und das andere zu lassen, mit ein wenig Ge-

duld und gutem Willen kann man viel, sogar was man für unmöglich hält.

Liebe Rosa, ich will nun schließen in der Hoffnung, du werdest suchen nach dem was ich dir gesagt habe zu befolgen, denn es wird nur von Nutzen für dich sein und glaube ich nicht, daß du meine guten Ratschläge nicht befolgst, denn das hofft und wünscht

deine dich herzlich liebende Mutter

Marie Kamm

Lichtenthal, den 17 Oktober 1895

„Oh nein, das sind ja nur Anweisungen! Das wollte ich zu meiner Hochzeit aber nicht lesen müssen!", beschwert sich Iffi grinsend. „Was ein Quatsch!", wird aber gleich wieder ernst. „Aber für die Frauen früher war es bestimmt nicht zum Lachen, sie wurden so erzogen", sagt sie nachdenklich, als sie das Gesicht ihrer Freundin bemerkt.

Rosemarie seufzt: „Ja, und ich auch noch, denn Emmy hat das, was ihr von ihrer Mutter so eingebläut wurde, natürlich auch weitergegeben. Kinder hatten früher einfach einen anderen Stellenwert."

Iffi schaut sie mitfühlend an: „Ja klar, so schnell denken Menschen nicht um, erst wir haben uns frei gekämpft."

Rosemarie überlegt kurz, blickt auf und resümiert nickend: „Ich hatte Glück, die 68er kamen gerade zur rechten Zeit für mich." Sie nimmt das nächste Bild zur Hand und erklärt: „Das hier ist das Hotel, das Emmys Eltern in Waldshut besaßen und später hatten sie sogar noch ein weiteres in Freiburg. Rosa, ihre Mutter, eine sehr stolze Frau, führte die Häuser mit eiserner Hand. Die Kindermädchen und das ganze Personal hätten sich vor ihr gefürchtet und ich hatte immer das Gefühl, meine Pflegemutter ihr Leben lang auch. Sie sprach manchmal zu ihr als ‚Feldwebel', in spaßigem Ton zwar, aber es war wohl eher ein Wink mit dem Zaunpfahl, wenn es ihr zu viel wurde. Wirklich widersprechen durfte sie ihrer Mutter natürlich nicht."

„Und wie kam es, dass sie dann all die Kinder zu sich genommen hat? Sie hatte doch bestimmt eine ordentliche Mitgift zu erwarten?", rätselt Iffi.

„Naja, ihr Vater wurde leider sehr früh krank und hatte noch vor seinem Tod 1923 die Hotels verkauft und vieles in Aktien angelegt. Er war der

Meinung, dass damit für seine Familie gesorgt war. Aber die Aktienscheine wurden gestohlen und das ganze andere Geld auf einem Sparbuch war später dann, durch den Börsencrash 1929, nichts mehr wert. Ihre Mutter, die das einfach nicht verkraftet hatte, war danach sehr verbittert. Sie wurde herzkrank und als sie vor Schwäche kaum mehr laufen konnte, musste Emmy sie pflegen."

„Hätte sie nicht heiraten und selbst Kinder bekommen wollen?"

„Doch", erklärte Rosemarie, „das hätte sie schon gerne. Sie war auch verliebt in einen weiter entfernten Verwandten und hatte darauf gehofft, dass er um ihre Hand anhalten würde. Der hat sich aber, als kein Geld mehr da war, eine andere mit Geld genommen. Danach schaute sie keinen mehr an, zu sehr war sie von ihrem *Leopold* enttäuscht! Sie war vorerst auch mit der Versorgung ihrer Mutter Rosa ja vollauf beschäftigt, da gab es kaum Gelegenheit, sich nach einem Mann umzuschauen."

Iffi nimmt ein Bild eines kleinen Mädchens in die Hand. Mit seinem hellen Kleidchen steht es in dunklen Lederschuhen auf einem schachbrettartig gekachelten Küchenboden. Das Foto wurde vorne mit *Unser kl. Liebling!* beschriftet.

„Das war Ursula", erklärt Rosemarie, „ihr erstes Pflegekind und ihr Liebling, wie sie immer erzählte. Ursula war das Kind einer Nachbarin, die einige Zeit nach deren Geburt im Januar 1933 sehr krank geworden war. Weil es ihr nicht möglich war, sich selbst um ihr Kind zu kümmern, nahm Emmy sie zur Pflege an und versorgte sie zwei Jahre lang. Dann holte die Nachbarin Ursula zu sich zurück. Die anderen Kinder waren meistens älter, als sie zu ihr kamen. So wie Gisela, die als zweites Pflegekind 1940 zu ihr kam. Sie war schon fünf Jahre alt, aber da ihre Eltern kriegsbedingt arbeiten gehen mussten, blieb sie fast ganze vier Jahre bei ihr. Leider gibt es von ihr kein Foto."

Iffi hat schon das Bild mit der Nummer drei in der Hand und hält es Rosemarie hin.

„Ja, das ist Hannelore", seufzt die, „Hannelore nahm sie 1943 auf. Deren Mutter war in Wuppertal ausgebombt worden und sie konnte mit dem Kind ja nicht in den Trümmern leben."

„Das war bestimmt keine leichte Zeit damals, gerade als Frau?", stellt Iffi mehr für sich selbst laut fest, während sie die nächsten Bilder vor sich betrachtet.

„Ja, durch die Kriegswirren waren die Frauen damals einfach darauf angewiesen zu arbeiten. Zum Glück für Emmy wurde auch immer bekannter, dass sie eine vorübergehende Pflegestelle anbot. Sie hatte bereits mit der Pflege von Ursula ein ärztliches Zeugnis bekommen, dass die Kinder bei ihr in guter Obhut waren. Wie sie mir später erzählte, kamen dann Margot, Anneliese, Heinz und Elsa, von denen es leider keine Bilder gibt. Wie lange die bei ihr blieben, kann ich gar nicht so genau sagen, aber nach Kriegsende mussten die beiden Frauen Einquartierungen nehmen. Ich vermute mal, dass bis dahin die meisten Kinder wieder zu ihren Eltern kamen.

„Stimmt, von Einquartierungen hatten mir meine Eltern auch berichtet", erinnert sich Iffi.

Rosemarie überlegt kurz: „,*Ausgerechnet Franzosen mussten wir aufnehmen*', sagte Oma Rosa oft, ,*grad mit denen mussten wir unsere kleine Wohnung teilen. Die, die schon im 1870er und im Ersten Weltkrieg unsere Männer verstümmelt und getötet hatten. Und bestimmt waren es die auch gewesen, die unsere Aktienscheine gestohlen hatten.*' Die Aktien waren aber schon viel früher gestohlen gewesen, da brachte sie in ihrem Hass wohl so manches durcheinander. Um ein Einkommen zu haben, nahmen sie deshalb wieder Kinder auf. Als achtes und neuntes Kind kamen dann Siegfried und Otto zu ihnen. Oma mochte Buben lieber. Aber dann kam ich als zehntes Kind."

„Wie hatte sich das ergeben, dass du zu ihr gekommen und so lange dort geblieben bist?", fragt Iffi vorsichtig bei ihrer Freundin nach.

Rosemarie lehnt sich zurück, schließt die Augen und lässt sich ein paar Sonnenstrahlen ins Gesicht scheinen. Nach einer kleinen Pause setzt sie an: „Ich bin ja Anfang Dezember 1949 hier im Josefinenheim am Annaberg geboren, also zwei Jahre älter als du. Meine leibliche Mutter hatte mich zehn Tage nach der Geburt zu meiner Pflegemutter gebracht. Sie hatte einfach keine andere Wahl. Ledige Mütter mussten früher gleich nach der Geburt wieder arbeiten gehen. Da gab es noch kein Mutter-Kind-Projekt."

Iffi schaut sie etwas aufgewühlt an: „Ein Kind ist doch auch immer psychisch mit der Mutter verbunden, kann die Trennung mit zehn Tagen von der Mutter denn nicht der Tod eines Kindes sein?"

„Ja, dass ich bei ihnen sterbe, davor hatten sie große Angst gehabt. Nachdem meine Mutter fort war, hatte ich nur noch geschrien. Aber viel schlimmer war wohl, dass ich keine Nahrung bei mir behalten wollte. Sie wussten sich bald nicht mehr zu helfen. Da ich immer weniger wurde, bekam ich von meiner Pflegemutter sogar schon die Nottaufe. Sie haben sich gesagt, dass wenn ich das nächste Fläschchen auch erbrechen würde, sie mich sofort meiner Mutter bringen müssten. Emmy hat mir dann einen ganz dicken Mehlschoppen gemacht und wie ein Wunder hab' ich ihn behalten und zum ersten Mal danach auch gut geschlafen." Rosemarie atmet tief durch: „Ja, die Angst um uns Kinder war ständig da gewesen, wie sie mir später sagte."

Iffi nickt zustimmend: „Das ist verständlich. Bei eigenen Kindern hat man schon Angst, dass ihnen was passieren könnte, bei Fremden bestimmt noch viel mehr."

„Ja, sie hatten sich vor dem Jugendamt und den Eltern zu verantworten." Rosemarie greift nach einem älteren Blatt, das gefaltet im Stapel liegt: „Diese Vorgaben hier hatten sie als Hilfestellung und Anweisung bekommen und sich eben auch daran zu halten", erläutert sie und zitiert, „,Kränkelt das Kind, so ist ohne Verzug die Hilfe des Arztes anzurufen.' Ich erinnere mich auch noch, wie in Abständen eine Frau vom Jugendamt kam und alles anschaute. Das war jedes mal eine sehr angespannte Situation."

„Und dein Vater?", traut sich Iffi zu fragen.

„Der war Franzose und nach dem Krieg als Besatzungsmacht in unserer Zone. Und die wurden, wenn bekannt wurde, dass ihre Freundinnen schwanger waren, sofort versetzt. Meist nach Indochina. Dort wäre er auch gefallen, als ich zwei Jahre alt war. Zumindest wurde mir das so erzählt", erinnert sich Rosemarie.

Iffi schaut verlegen auf ihre Freundin und sucht sichtlich nach ein paar passenden Worten zu diesen für sie neuen Erkenntnissen. „Emmy und ihre Mutter hatten aber scheinbar versucht, für dich wie eine Familie zu sein", und rührt etwas beklommen in ihrer Kaffeetasse. Da fällt ihr ein besonderer Moment zu Rosemaries Pflegemutter ein: „Wir haben uns ja erst als ich Fünf war kennengelernt. Ich erinnere mich, dass ich später mal bei euch dabei war, als sie Waschtag hatte. Wir hatten da schon eine Waschmaschine, aber deine Pflegemutter stand in Dampf eingehüllt in der

Waschküche und hat mit einem großen Holzbengel in dem riesigen Kessel gerührt. Wegen der Hitze liefen ihr Bäche von Schweiß runter. Das war bestimmt richtig anstrengend."

„Ja, das muss es wirklich gewesen sein. Und nicht allein die Wäsche, die sie unter den schweren Bedingungen damals für uns alle gemacht hat. Weißt Du Iffi, erst jetzt als Mutter von drei Kindern kann ich ermessen, wie viel sie für uns alle getan hat. Ich bin echt gerne bei ihr und in Lichtenthal aufgewachsen. In einen Kindergarten bin ich zwar nie gegangen, aber da zu Hause immer ein paar Kinder rumwuselten, habe ich den auch nicht wirklich vermisst." Rosemarie beginnt zu lächeln: „Erinnerst Du dich noch, wir hatten eine schöne Kindheit miteinander verbracht. Wir spielten meistens auf der Straße, auch Fußball. Wenn die drei Autos, die es damals in der Schafbergstraße gab, kamen, rannten wir einfach zur Seite. Eines hatte dein Vater, das andere der Lebensmittelhändler von unten und einen Borgward Isabella der Herr Homburger von nebenan."

„Du hast den LKW von der Kohlenhandlung neben euch vergessen", ergänzt Iffi lebhaft, „der fuhr auch noch durch. Und erinnerst du dich auch noch an unseren Lieblingsspielplatz zwischen den Holzstößen, auf denen wir klettern konnten wie wir wollten? Nix mit gefährlich und so. Und Räuber und Gendarm spielten wir mit allen Kindern, die in der Nähe wohnten", schwelgt sie in Erinnerungen. „Hach, uns würde noch so viel einfallen, aber lass uns erst mal deine Bilder fertig anschauen", zwinkert Iffi und schiebt Rosemarie den übrigen Stapel zu.

„Auf die Bilder hatte Emmy nur die Nummern geschrieben, um sich wohl selbst die Reihenfolge zu merken. Aber ich kann die Namen noch aufsagen, weil sie mir die oft genannt hat. An einige habe ich auch noch eine eigene leichte Erinnerung. Nach mir kamen Anton, Inge, Wolfgang, Annemarie und Irmgard. Hier auf dem Bild mit der Nummer sechzehn ist Andreas zu sehen. Er muss gerade mal ein halbes Jahr alt gewesen sein, als er Anfang 1954 zu ihr gebracht wurde. Dann kam Gaston und das hier ist Roger", Rosemarie reicht Iffi einige der Bilder, behielt aber das mit der Nummer achtzehn zurück und tippte drauf. „Ich weiß noch wo seine Großmutter wohnte, die wir mit ihm besuchten. Das war gerade hier um die Ecke in der Maximilianstraße, aber ihr Haus hatte ich immer als graukalt empfunden", sagte sie sich leicht schüttelnd und reicht ihr auch dieses Bild weiter. „An

Monika und Bernd, die nächsten beiden Schutzbefohlenen, kann ich mich nur noch vage erinnern. Mehr an das vorletzte ihrer Pflegekinder, Rainer. Er wurde 1955 geboren und mit ihm habe ich später oft im Garten gespielt und natürlich auch auf ihn aufgepasst. Das war damals so üblich." Sich freudig erinnernd legt sie ein Bild vor Iffi auf den Tisch. „Und an den hier, Michael! Er war Emmys letzter Pflegling, der auch oft von seinen Eltern besucht wurde. Die arbeiteten beide viel, bauten in Ebersteinburg ein Haus und holten ihn erst zu sich, als es fertig war."

Iffi schaut belustigt auf das Foto und schmunzelt: „Das bist du da? Die mit dem Schlupf im Haar? So in etwa hab' ich dich von damals in Erinnerung. Deine Oma ist da aber schon gut betagt, oder?"

Rosemarie nickt begeistert: „Ja, da war ich knapp fünf Jahre alt. Dann müsste Oma da schon 81 gewesen sein. Der Michael auf ihrem Schoß war da knapp fünf Monate. Und hinter ihr steht Hannelore, die war ja sieben Jahre älter als ich und schon da sehr hoch gewachsen."

„Da war ja ganz schön was los bei euch, bis wir uns überhaupt kennengelernt haben", meint Iffi und schaut sich die wenigen Bilder von Emmy und ihrer Mutter Rosa nochmal genauer an. „Wie war das denn, mit quasi zwei Müttern aufzuwachsen? Also auch mit der Mutter von der Mutter, da ja schon beide nicht mehr so jung waren, als du zu ihnen gekommen bist. Wie gesagt, ich dachte immer Emmy wäre deine Oma und nicht deine Mutter, oder so wie ich jetzt erst weiß, deine Pflegemutter."

„Emmy war sehr liebevoll zu mir und sagte auch oft, dass sie mich nicht mehr hergeben wollte. Sie hatte schon genug mit der Pflege von uns Kindern zu tun, aber ihre Mutter nahm sie auch ganz schön in Anspruch, mit ihrer speziellen Art. Oma war einfach so wie sie war. Sie wurde in der ganzen Zeit zwar nicht mehr gesund, aber leutseliger und altersmilder und hat, wenn Besuch da war, Gedichte von *ihrem Romeo*, einem Karlsruher Mundart-Dichter', vorgetragen. Wenn es ihr ganz gut ging, erzählte sie von der Zeit, in der die Großherzogin Luise von Baden aus der Kutsche heraus hoheitsvoll das Fußvolk grüßte und sie zeigte uns, wie man einen Hofknicks macht."

Iffi schmunzelt: „Den musst du mir mal zeigen!"

„Gerne", lacht Rosemarie, „aber bestimmt nicht hier vor allen Leuten", und schaut sich in der Klosteranlage um, in der sich immer mehr Besucher an diesem frühlingshaften Nachmittag eingefunden hatten. „Ansonsten saß Oma Rosa den ganzen Tag in ihrem Stuhl im Erker unserer Wohnung in der Schafbergstraße. Von da aus konnte sie die Straße bis runter zum Kloster übersehen, wer mit dem Bus kam, die Straße hoch und runter lief oder unten im Lebensmittelgeschäft zum Einkaufen kam. Sie sah und hörte natürlich auch alles, was wir so trieben."

„Und wir schrien ganz schön laut", lacht Iffi, „da hatte sie schon einiges auszuhalten. Genau wie die anderen Nachbarn, aber da war es halt noch normal, dass Kinder draußen rumtobten."

„Ja, und immer wenn die Frühjahrsstürme kamen, bangten wir um sie. Ich erinnere mich noch, wie wir Dr. Binswanger holten, der ihr Herz abhörte, Coramin Coffein-Tropfen aufs Rezept schrieb, dann ihre Wangen tätschelte und sagte: ‚Rösele, Rösele, jetzt ist es soweit' und zu uns gewandt: ‚holt den Pfarrer'. Heulend lief meine Pflegemutter dann nach unten, um vom Telefon des Hausbesitzers aus den Pfarrer anzurufen. Meine Aufgabe war es dann, am Nachbargarten einen Zweig von der Thujahecke abzuschneiden, weil der Pfarrer nur den Lebensbaum zum Weihwasser sprengen benutzen sollte. Davor fürchtete ich mich jedes Jahr, weil die Nachbarin, die hinter dem Vorhang saß, jedes mal prompt herausgeschossen kam und schimpfte. Nur wenn sie sah, dass ich weinte, wurde sie milder. Also heulte ich lauter als vorher. Die Erwachsenen haben dann einen besonderen Tisch mit Kreuz und Kerzen aufgebaut. Wir blieben, während Oma beichtete, in der Küche und kamen auf Rufen vom Pfarrer wieder ins Schlafzimmer. Dort saß Oma dann blass in ihren hohen Kissenbergen. Sie wurde versehen und der Pfarrer ging wieder. Am nächsten Tag ging es ihr schon besser und wir hatten unsere Oma wieder. Das ging etliche Jahre so. Zum Schluss holten wir keinen Arzt mehr, sondern nur noch den Pfarrer."

„Und hat das geholfen?", will Iffi erwartungsvoll wissen.

„Ja", lacht Rosemarie, zwinkert kurz, kramt in den Bildern und hält Iffi ein Foto hin, auf dem ein altes Paar zu sehen ist.

„Sie hat sogar mit 95 Jahren noch auf meiner Verlobung getanzt!"

„Ach, ist das schön", freut sich Iffi und betrachtet versonnen das tanzende Pärchen. „Wie ist es, sollen wir bezahlen und mal rüber zum Brunnen gehen?", frägt Iffi, schiebt das Bild in den Stapel zurück und dann alles zusammen in den Umschlag.

Rosemarie packt die Andenken an ihre Pflegezeit in ihren Rucksack und nachdem beide gezahlt hatten, machen sie sich auf, das Gelände ihrer Kindheit gemeinsam neu zu entdecken. Auf den Marienbrunnen zugehend, der ehemals als Viehtränke genutzt wurde, fasst Iffi vorsichtig bei ihrer Kinderfreundin nach: „Du hast mir noch gar nichts über deine richtige Mutter erzählt, erinnerst du dich eigentlich an sie?"

„Das wenige, an was ich mich erinnern kann, sind die ca. fünf oder sechsmal, als sie mich in ganz jungen Jahren besuchen kam. Sie war eine kleine zierliche Frau, die deshalb wohl immer hochhackige Schuhe trug, schick angezogen war und lange, pechschwarze Haare hatte, die vor Gesundheit glänzten. Meine Pflegemutter, die genau das Gegenteil von ihr war, reizte das natürlich. Emmy war ja nicht ungepflegt, aber rundlich und sehr bieder wirkend, zumal ihre Haare sehr dünn waren und ich ihr später immer mit den Lockenwicklern helfen musste, damit sie nicht allzu leblos herunterhingen. Aber an viel mehr von meiner leiblichen Mutter kann ich mich wirklich nicht erinnern. Später wurde mir gesagt, dass meine Mutter irgendwann geheiratet hat und ihr Mann vom Militär immer wieder versetzt wurde, so lebte sie mal in Paris oder Marseille. Hannelore und ich blieben denn auch als einzige bei unserer Pflegemutter. Ganz dunkel ist da auch noch ein amerikanisches Ehepaar in meiner Erinnerung, das mal da war. Es war die Rede von Adoption. Wer gemeint war, weiß ich aber nicht mehr. Ich kann dir gar nicht sagen, warum wir beide nie zu unseren Müttern zurückgekommen sind."

Rosemarie setzt sich an den Brunnenrand und schaut gedankenverloren in den Himmel. Iffi spürt, dass sie ihre Freundin gerade sehr zum Nachdenken gebracht hat und setzt sich erst mal neben sie, bis diese wieder zu erzählen beginnt.

„Weißt du, ich habe viel von ihr geträumt. Seit Jahren beschäftige ich mich beruflich mit Träumen und Symbolen und habe dadurch einen anderen Bezug zu offen gebliebenen Fragen in meinem Leben bekommen. Ein sehr prägnanter Traum handelte von meiner leiblichen Mutter und der hat mir so etwas wie eine Erklärung für ihr Fernbleiben gegeben." Rosemarie schaut Iffi direkt ins Gesicht.

„Erzähl!", kommt es von dieser leise und sie nickt ihr aufmunternd zu.

„In meinem Traum steht hinter einem Haus eine verkrüppelte Kiefer, die ich weg haue. Dahinter ist ein Fels, auf dem ein Abdruck dieser Kiefer zu sehen ist, so wie es nach einer sehr heftigen Atomexplosion vorkommen könnte. Der Baum wandelt sich und ich sehe eine riesige Tanne, die sehr gerade gewachsen ist. Ein sehr wertvolles Holz, denke ich noch im Traum. Dann öffnet sich der Fels und ich sehe in eine große Höhle. Darin steht eine riesige weibliche Gestalt und davor eine lange Reihe von Müttern, einige, die ich von Lichtenthal her kannte, ebenso auch unbekannte Frauen, die in die Höhle gehen. Sie drücken alle zusammen etwas von einer großen würdevollen Gestalt aus – Mutter Natur, die Große Mutter. Links vor dem Felsen, von den anderen ausgeschlossen, steht meine leibliche Mutter. Ich bitte für sie um Einlass. Da fragt mich die große Frau: ,Was hat sie für dich getan?' und ich antworte ihr ,Sie hat mir eine Spardose in Form eines Schwarzwaldhauses geschenkt'. Daraufhin darf auch meine Mutter in die Höhle gehen, wirkt dort aber wie ein Fremdkörper und will auch selbst wieder weg. Hinter ihr sehe ich einen Schatten, der ihr einflüstert, wie doof das hier wäre, sie da nicht dazu gehöre und sie lieber nach Paris wolle."

Iffi scheint die aufgetauchten Bilder in ihrem Kopf zu sortieren, als Rosemarie ergänzt: „Für mich bedeutet das, dass sie gegen die Natur gehandelt hat. Als reiner Widerspruch auch gegen ihre innere Natur. Und der Baumstamm, der steht für mich für einen Stammbaum, der sich mit der Zeit wandelt und wertvoll wird."

Iffi nickt nachdenklich: „Das kann ich gut nachvollziehen. Ich finde das echt faszinierend, dass du deine Träume so deutlich in Erinnerung behalten kannst. Ich erinnere mich eher selten an das, was ich geträumt hab'."

Rosemarie erwidert daraufhin sanft: „Ich trainiere das ja quasi schon seit ein paar Jahrzehnten", und lächelt ihre Freundin an.

Iffi rutscht etwas zur Seite und schaut sie an. „Wie ging es denn den beiden Frauen, nachdem deine Pflegeschwester und du später geheiratet habt und ihr ausgezogen wart? Dadurch, dass wir uns noch in der Schulzeit aus den Augen verloren haben, fehlt mir jetzt ja noch das Ende", sagt Iffi neckisch grinsend.

„Meine Oma starb ein knappes halbes Jahr nach meiner Verlobung 1969. Danach ging meine Pflegemutter hier ins Altersheim, in dem sie dann noch zwölf Jahre lebte. Wir, meine Pflegeschwester und ich, holten sie zu den Feiertagen und ich bot ihr damals an, zu mir zu ziehen. Ich lebte zu der Zeit nicht allzu weit weg in Rheinnähe. Aber das wollte Mutti nicht. Sie wollte in ihrem geliebten Lichtenthal bleiben und meinte, einen alten Baum verpflanzt man nicht."

Iffi grinst: „Womit sie wahrscheinlich recht hatte. Apropos Baum, gehen wir noch kurz zu dem alten Baumstamm, der da drüben liegt. Früher stand er immer so majestätisch hier im Hof, aber ich habe nie gewusst, was das für ein Baum war."

Auch hier hat Rosemarie für ihre jüngere Freundin eine Antwort: „Das ist ein Trompetenbaum. Stimmt, wie ein Wächter vor dem Tore stand er immer da, bis er 2011 leider gefällt werden musste. Er hat mich auch immer wieder gefesselt, daher hatte ich, als er noch stand, bereits begonnen, ihn zu fotografieren. Er hat ganz besondere Geschwülste ausgebildet, in denen du mit etwas Phantasie Figuren erkennen kannst. Schau mal, hier ist ein Gesicht oder da kleine Teufelchen, dort ein Waschbrettbauch und hier so was wie eine Knollennase", sagt Rosemarie, während sie um den liegenden Baumstamm herumgeht und auf einige Stellen deutet, damit Iffi die benannten Darstellungen besser finden konnte.

„Etliche davon habe ich mit verschiedenen Techniken umgesetzt, also gemalt oder gezeichnet. Von den Klosterfrauen weiß ich, dass sie alle sehr traurig waren, als sie ihn fällen lassen mussten. Ab und zu schaue ich auch jetzt noch, wie er sich verändert, denn er wandelt sich noch immer."

Iffi schaut fasziniert auf: „Ach weißt du, ich bin wirklich sprachlos, was du mir heute an Fülle und Informationen geschenkt hast. Danke! Gut, dass du die Umschläge vertauscht hast, sonst hätte ich all das nie erfahren. Hast du noch mehr Umschläge, die Interessantes enthalten?"

Rosemarie freut sich sichtlich über Iffis Begeisterung.

„Ja, ich sammle bereits Geschichten von Schulkolleginnen aus meiner Klasse hier von der Klosterschule. Die Äbtissin sagte mir mal, sie würde sich freuen, wenn es so etwas gäbe für das Klostermuseum. Ob sie noch begeistert ist, wenn sie es liest? Da kommt so manch Verbotenes ans Licht", grinst Rosemarie verschmitzt.

Iffi lacht: „Bestimmt wäre es für mehr Menschen in Lichtenthal lesenswert, was wir früher angestellt haben. Ich krame gerne auch mal in meinen

Erinnerungen. Ich bekomme richtig Lust, auch mal was aus den alten Tagen aufzuschreiben. Zeit dazu habe ich jedenfalls."

Rosemarie nickt zufrieden: „Und unsere Lebenszeit sollten wir sinnvoll nutzen, so wie auch meine Pflegemutter es getan hat. Weißt du Iffi, ich danke ihr von ganzem Herzen, für alles was sie für mich getan hat. Aber auch im Namen aller Pflegekinder, denen sie über schwere Zeiten hinweg geholfen hat. Wer weiß, ob wir uns heute sonst überhaupt über all das hätten unterhalten können."

Nach einer wahren Begebenheit
Baden-Baden, im Dezember 2020

Silvia Jahnke

66 Jahre

Rechtsanwaltsfachangestellte

Silvia Jahnke

Ich bin in einem kleinen Dorf in der Ortenau aufgewachsen. Wir waren eine Großfamilie und wie ich zum Schreiben kam, verdanke ich sicher meinem Opa Gust. Er erzählte uns als kleinen Kindern jeden Tag Geschichten oder Märchen (Grimm, Andersen, Bechstein).

Aber seine selbsterfundenen Geschichten waren die schönsten. Ich hatte ein sehr warmes und geborgenes Umfeld und wir hatten immer ein offenes Haus.

An einem Tag wurden „Karten geklopft" und oft sangen die „alten Männer", bevor sie gingen, noch „Ännchen von Tharau"! Oma legte abends gerne mal eine Patience und ich schaute ihr zu. Sie fühlte sich für Moral und Benehmen zuständig. Auch meine lieben Eltern haben mir sehr wichtige Werte vorgelebt.

Mit ca. 9 Jahren begann ich daheim ab und zu ein Gedicht vorzutragen. Es war mit dem breitesten alemannischen Dialekt gespickt und endete oft in großer Heiterkeit.

Mit 14 Jahren entdeckte ich die Literatur. Hermann Hesse wurde damals zu meinem Lieblingsautor. Ich bewunderte seine schöne und klare Sprache. Meine Freunde nannten mich oft Träumerin!

So halte ich Begegnungen und Gedanken immer noch gerne fest. Emotion und Intuition ergeben die Worte, die dann fließen.

Ich wünsche mir, dass unsere schöne Sprache nicht so verkommt. Anglizismen sowie „verbogene Wörter" sind Alltag. Unsere Sprache ist nicht zeitgebunden, sie ist ein Vermächtnis.

Für mich ist es in der heutigen Zeit sehr wichtig, Zivilcourage und Einsatz zu zeigen,

Akzeptanz und Empathie gehören dazu.

Silvia Jahnke

Erste Augenblicke

Sind noch roh und fein die Herzen,
völlig ungeformt,
kennen keine Vorurteile,
sind noch nicht genormt.
Augen groß und weit und suchend
irgendwo nach Schutz,
sollen nie zu früh erkennen
Elend, Hass und Schmutz,
den verstaubte dumme Seelen
überall verstreuen.
Sollen Leben leben lernen
aber nie bereuen.
Sollen Zärtlichkeit und Liebe
einfach sich so nehmen.
Brauchen nicht wie falsche Diebe
der Träume sich zu schämen.
Sollen einmal Menschen werden
die mit klaren Augen,
festen Händen, starkem Willen,
an sich selbst noch glauben.
Sollen eines Tages der Welt
die Namen nennen.
Sind dann schon dazu bereit,
sich selber zu erkennen.

Für meine demente Mutter

Ihre Augen blicken heute müde,
sie rennt nicht mehr so schnell.
Ihre Haare schimmern silbern,
ihre Haut scheint ganz hell.
Die vielen zarten Linien,
die kleinen Wegweiser im Gesicht,
es sind da noch Narben,
du erkennst sie bloß nicht.
Sie sitzen etwas tiefer,
sie hat sich nie beklagt.
Ihr Mund formt leise Worte,
die sie früher gesagt.
In ihren Augen tanzen Kerzen,
sie lauscht tief in sich rein.
Über ihr Gesicht huscht ein Lächeln,
sie fühlt sich nicht allein.
Die Tage werden kürzer,
sie zählt sie kaum.
Heut lebt sie im Traum.

Katja Kösztler

53 Jahre

Journalistin

Katja Kösztler

Ich habe viele literarische Vorbilder. Shakespeare zum Beispiel, Dickens, Emily Brontë oder Gabriel García Márquez. Ist es verwunderlich, dass ich es im Schatten solcher Giganten lange nicht wagte, selbst literarische Wege zu beschreiten? Immer wieder nahm ich neue Anläufe und schrieb fiebrig ein paar Seiten nieder, um sie im nächsten Moment zu verwerfen. Dabei wurde mir das Geschichtenerzählen in die Wiege gelegt. Denn meine Großmutter, bei der ich als Kind viel Zeit verbrachte, war die begnadetste Geschichtenerzählerin, die man sich nur vorstellen kann. Die schönsten Erinnerungen an meine Kindheit sind die langen Nächte, in denen ich, wohlig warm verpackt, im massiven alten Eichenbett neben der Oma lag und ihren Erinnerungen lauschte. Alles, was sie erzählte, war selbst erlebt – so glaubte ich zumindest – und eröffnete mir unbekannte Welten voller eigenwilliger Charaktere, schicksalhafter Erlebnisse, menschlicher Abgründe und Kuriositäten. Ihr reiches und bewegtes und letztlich doch so bescheidenes Leben ist mir bis heute Quelle der Inspiration. Aufgrund meines Berufs schreibe ich zwar seit vielen Jahren, die journalistische Arbeit erfordert allerdings eher ein nüchternes Aufbereiten von (meist tagesaktuellen) Themen, Informationen und Sachverhalten. Dass ich nun doch den Mut gefunden habe, mein literarisches Herz zu öffnen, verdanke ich einem Workshop der Autorin Beate Rygiert und der großzügigen Einladung der Verlegerin Sabine Katz.

Katja Kösztler

Hasenbraten

Hilde hat Hunger. Sie hat die eingebrannten Mehlsuppen satt, die ihre Mutter seit Wochen auf den Tisch stellt. Die muffigen Bratkartoffeln, die kaum Fett gesehen haben. Ja selbst das Rindfleisch, das die Mutter neulich weiß Gott wo aufgetrieben hat, war eine Enttäuschung. Es gab kaum Geschmack an die Brühe ab, und das winzige Stück, das in Hildes Teller schwamm, war zäh wie Leder. Es wird immer schwieriger, etwas Vernünftiges aufzutreiben. Manche Leute kochen Brennnesselsuppe, manche sammeln Bucheckern und Kastanien. Aber das macht auf Dauer auch nicht satt. Und selbst das wird knapp. Die geheimen Pilzplätze des Vaters sind längst abgeräumt. Es ist schwer, mit dem bisschen, was man zusammenhamstern kann, sieben Mäuler zu stopfen.

Die Lisbeth hat's gut, die ist in Stellung in Heidelberg. Bei der feinen Professorenfamilie muss sie bestimmt nicht hungern, auch jetzt nach dem Krieg nicht. Der Herr Professor und seine Wohlgeborene haben sich ganz schnell mit den Amis arrangiert, ihre Dienste angetragen, mit ihrem geschliffenen Englisch und ihrer Position in der Heidelberger Gesellschaft geblendet. Und die älteste Tochter hat mit einem hohen Tier von der Army angebandelt. Darum durften sie ihre Villa behalten, die teuren Pelzmäntel und die Lisbeth auch. Der Franz ist im Krieg geblieben, der Vater vor Kummer gestorben. Gott hab sie selig!

Der Anselm war auch im Krieg, aber den haben sie heimgeschickt, als er seinen Arm verloren hat. Mit dem verbliebenen Arm hackt er Holz und stapelt die Scheite, so dass der ganz dick und stark geworden ist. Oft sitzt der Anselm den lieben langen Tag in der Küche und starrt vor sich hin. Nur wenn die Mädchen hereinkommen, steigt Leben in ihm auf und er blitzt sie mit zusammengekniffenen Augen an, dass ihnen angst und bang wird. Und wenn sie nicht aufpassen und zu nah an ihm vorbeigehen, dann kneift er sie an Stellen, wo's richtig wehtut. Nicht äußerlich, sondern tief drinnen, wo die Scham brennt. Die Mutter sieht's nicht, oder sie will es nicht sehen. Der Anselm ist nämlich ihr Liebling. Der darf sich alles erlauben.

Die zwei jüngeren Brüder gehen noch zur Schule, genau wie die kleine Schwester. Hilde und Rosie gehen arbeiten, in der Näherei im Ort. Ohne das bisschen Geld, das sie verdienen, wäre es kaum zu schaffen.

Der Schmiederer zwei Häuser weiter scheint keinen Mangel zu haben. Er wird immer feister. Wenn Hilde und Rosie an seinem Haus vorübergehen, glotzt er ihnen über den Gartenzaun hinterher, als wolle er sie verschlingen. Seine Frau, die Anna, ist ihm davongelaufen, kurz nachdem er die Leiter heruntergefallen ist. Am Fenster von Hubers Gretel. Danach war sein Bein steif und krumm. Ist nicht mehr richtig zusammengewachsen. Das hat ihm den Krieg erspart. Die Anna hat ihre beiden Kinder gepackt und ist zurück in ihr Elternhaus. Lieber beengt bei den Alten als weiter mit ihm.

Verhungern tut er trotzdem nicht, der Schmiederer kann selbst kochen. Und er weiß sich zu helfen. Neulich war er Schnecken sammeln, einen ganzen Beutel voll hat er nach Hause getragen. Die braunen Häuschen hat er in einen Eimer gelegt, eingesalzen und alles mit einer Holzlatte umgerührt. Nach ein paar Stunden hat er die Schnecken aus dem Eimer gefischt, mit klarem Wasser durchgespült und abgekocht. Den Rotz, der im Eimer blieb, hat er unter den Rosenstrauch gekippt, den die Anna nach ihrer Hochzeit gepflanzt hat. Ob Rosie und sie mit ihm essen wollten, hat er Hilde gefragt. Doch sie hat abgelehnt. Ihr Ekel war größer als ihr Hunger.

Ein andermal hat er ihnen Froschschenkel angeboten. Den ganzen Tag ist er auf den Staffeln vor seinem Haus gesessen, einen Eimer links von sich, einen rechts, und hat sich von den Kindern aus der Nachbarschaft Frösche bringen lassen, die sie auf den Feuchtwiesen gefangen haben. Dafür gab's ein paar Groschen. Die Frösche hat er links und rechts an den Schenkeln gepackt und ein paarmal schwungvoll gedreht. Die abgedrehten Schenkel landeten im rechten, die zuckenden Rümpfe im linken Eimer. Ein paar Leiber hat später die Katze gefressen, um den Rest haben sich die Krähen gestritten. Die Schenkel hat er gehäutet und mit Schmalz und Knoblauch gebraten. Der Duft war verlockend, aber die Frösche taten ihnen leid. Darum hat Hilde abgelehnt. „Dass er nicht noch die Krähen frisst", hat Rosie ihr zugeflüstert. „An die traut er sich nicht", hat Hilde erwidert. „Das könnte ihm Unglück bringen."

Als Hilde und Rosie am Freitag von der Näherei nachhause gehen, winkt der Schmiederer sie zu sich rüber. „He da, ihr Mädchen", ruft er von seiner Staffel runter, „kommt mal her". Widerwillig folgen sie der Aufforderung. „Wie wär's mit einem Hasenbraten?", fragt er, und sein Blick hat was Triumphierendes. „Frisch erlegt." Er schaut Hilde direkt in die Augen und wirft herausfordernd den Kopf in den Nacken. Sie möchte ihm ein verächtliches Nein zuwerfen und sich zum Gehen wenden, aber irgendwas hält sie zurück. Hasenbraten! Sie weiß nicht, wann sie das zum letzten Mal gegessen hat. Aber sie weiß noch genau, wie es schmeckt: zart und süßlich und würzig zugleich. Der Schmiederer merkt, dass sie zögert, und wittert seine Chance. „Also dann, morgen Abend um sechs." Sagt's, dreht sich um und geht in sein Haus.

„Warum hast du ihm nicht abgesagt?", fragt Rosie vorwurfsvoll, als sie die letzten Meter bis nach Hause gehen. „Wann hast du das letzte Mal Hase gegessen?", fragt Hilde zurück. „Und was glaubst du wohl, wann wir das nächste Mal welchen bekommen?" Rosie schweigt eine Weile. „Wo hat er den überhaupt her?", will sie schließlich wissen. „Bestimmt hat er Schlingen im Wald gelegt, der Lump!", sagt Hilde, und im selben Atemzug: „Kein Wort zur Mutter!" Es ist schon schwer für zwei junge Mädchen wie sie. Der Krieg hat über alles seinen Schatten geworfen, auch wenn bei ihnen im Ort keine Bomben gefallen sind. Der Anselm hat seinen Arm verloren, der Franz sein Leben. Lachen, singen, tanzen, feiern, alles wird missbilligt. „Euer Bruder ist gefallen, und ihr singt?", tadelt die Mutter. „Ihr habt gut lachen!", murrt der Anselm. Außerdem hat der Schmiederer so einen Ruf im Dorf, nicht erst seit dem Fenstersturz. „Sich vor dem Krieg drücken, aber rumhuren kann er!", sagt der Anselm. Aber ein Hasenbraten, das ist doch nichts Unanständiges! Das macht doch satt!

Am Samstagnachmittag sagt Hilde zur Mutter: „Die Rosie hat Kopfweh. Wir gehen ein bisschen an die Luft." Sie sagt es zwischen Tür und Angel, ganz leise, und dann machen sich Hilde und Rosie schnell davon, zum Haus vom Schmiederer. Sie steigen die Staffeln hoch, klopfen an und treten irgendwann ein, weil niemand öffnet. In der Küche hören sie den Schmiederer werkeln. Er steht am Herd und rührt in einem Bräter. Ein weiterer Topf steht daneben, unter dem Deckel quillt Dampf hervor. Hilde räuspert sich. „Ah, da seid ihr ja", sagt er. „Setzt euch." Er hat schon den Tisch gedeckt, sogar ein Strauß Blumen steht drauf. Hilde und Rosie schauen sich an und wissen nicht recht, was sie davon halten sollen. Schließlich rutscht Hilde auf die Eckbank. Rosie rutscht hinterher.

Der Schmiederer trägt erst den Bräter zum Tisch und dann den Topf und stellt beides darauf ab. Er lüpft den Deckel des Topfes: breite Nudeln! Hat er die gemacht? Mit einer großen Gabel wickelt er sie auf, legt erst Hilde, dann Rosie und dann sich selbst ein Nest auf den Teller. „Wie geschickt er das macht", denkt Hilde. „Der Anselm ist nicht so geschickt." Dann kommt der Bräter dran. Als er den Deckel anhebt, steigt ihnen betörender Duft in die Nase. Der Hase ist schon zerlegt und badet in sämiger, hellbrauner Soße. Hilde und Rosie schauen sich an und können ihr Glück kaum fassen. Unterdessen legt der Schmiederer jeder von ihnen einen Hinterlauf auf den Teller und schöpft Soße darüber. Er selbst begnügt sich mit den Vorderläufen. „Ihr müsst doch was essen", sagt er, als er ihre verwunderten Blicke sieht. „Ihr seid ja schon ganz abgemagert."

Rosie wartet, bis Hilde den Anfang macht, dann greift auch sie zum Besteck. Erst zaghaft, dann beherzter, schneiden die beiden das Fleisch an, wickeln Nudeln darum und drehen damit Kreise in der Soße. Der erste, vorsichtige Biss – ein Traum! Hilde schmeckt in Schmalz gebräuntes Fleisch. Glasig gedünstete Zwiebeln. Süßen Rahm. Frische Pilze und würzige Kräuter. Und zur Krönung einen guten Schuss Weißwein! Sie kaut genussvoll und denkt: „So schlimm ist der Schmiederer gar nicht!" Auch Rosies Gesichtszüge entspannen sich mit jedem Auf und Ab ihres Kiefers, ihre Augen, vorher noch ängstlich und wachsam, werden weich und glänzend. „Da guck an", sagt der Schmiederer. „Sprechen können sie nicht, aber essen können sie wie die Männer." Er schnalzt mit der Zunge und lacht.

Nachdem sie den halben Teller leergeputzt hat und ein wohliges Gefühl sich in ihrem Bauch breit macht, wird Hilde mutiger. „Wo hast du den Wein her?", fragt sie. Der Schmiederer zieht die Brauen hoch und wirft ihr einen anerkennenden Blick zu. „Von einem Freund aus dem Rebland", antwortet er. „Wollt ihr ein Glas?" Rosie schaut unsicher zu ihrer Schwester. Bisher hat sie erst zweimal Wein getrunken: An Vaters 50. Geburtstag und an dem Abend, bevor ihre Brüder in den Krieg zogen. Doch Hilde hat schon Ja gesagt. Der Schmiederer geht zum Büfett und holt drei Gläser mit langen Stielen hervor. Er verlässt die Küche und kommt kurze Zeit später mit einer schlanken Flasche zurück. „Riesling", sagt er und schenkt ein. „Auf euch!" „Auf den Hasenbraten", erwidert Hilde.

Als die Teller leer sind, legt der Schmiederer nach. Jetzt gibt's ein Stück Rücken für jeden. „Wo ist denn der Kopf?", will Hilde wissen. Ihre Brüder haben sich früher darum gestritten. „Den hab' ich der Katze gegeben. Ich will ja nicht, dass zwei so hübsche Mädchen wie ihr sich in meinem Haus gruseln", erklärt er. Hilde spürt, wie sie rot wird. Bisher hat noch niemand sie hübsch genannt. Aber der Schmiederer lächelt so freundlich und offen, dass ihre Zweifel sich in Luft auflösen. All die Jahre hat sie sich blenden lassen von dem, was man im Dorf erzählt. Hat sich von der Mutter einschüchtern lassen, die den Mädchen eingebläut hat, sich vor dem Schmiederer in Acht zu nehmen. Und nun sitzt er hier, teilt seinen Braten mit ihnen und schenkt Rosie und ihr nach. „Trinkt", sagt er munter, „ihr habt ein bisschen Vergnügen verdient." „Da hat er recht", denkt Hilde und nimmt einen kräftigen Schluck. Jetzt erkennt sie auch, dass der Schmiederer nur ein einsamer älterer Mann ist, der ein bisschen Gesellschaft sucht. Und sie begreift, dass jede Geschichte zwei Seiten hat.

Der Wein schmeckt gut und wärmt von innen. Hilde fühlt sich so leicht und unbeschwert wie seit langem nicht mehr. Ihre Wangen glühen. Sie lächelt den Gastgeber an. Auch Rosie lächelt jetzt. „Prost", ruft sie, hebt ihr Glas und kichert. Dann beginnen sie zu erzählen: von ihrem Bruder, der im Krieg geblieben ist, vom Anselm, der mit dem Arm auch sein Lachen verloren hat. Und von ihrer Arbeit in der Näherei. Der Schmiederer hört aufmerksam zu. „Ihr habt doch bestimmt einen Schatz", sagt er irgendwann. Hilde und Rosie schauen sich an und lachen. „Nein", beteuern sie, „uns will keiner!" Das sagt der Anselm immer. Der Schmiederer lacht lauthals mit. „Das kann ich mir nicht vorstellen. Zwei Mädchen, die so gut essen können!" Lustig ist er auch noch. Hilde lässt das letzte bisschen Vorbehalt fallen.

„Wartet einen Moment", sagt der Schmiederer und geht aus der Küche. Nach einer Weile kommt er wieder, ein Schifferklavier in den Armen. „Was wollt ihr hören?" „Ein Freund, ein guter Freund", ruft Rosie wie aus der Pistole geschossen. Und der Schmiederer fängt an zu spielen. Er kann es gut, er bewegt sich dabei im Takt und lächelt mit in sich gekehrtem Blick. Danach spielt er „Das gibt's nur einmal, das kommt nicht wieder", und die Mädchen singen mit. Als er „Oh Donna Clara" anstimmt, springen sie von der Eckbank und beginnen zu tanzen. Der Schmiederer lacht und stampft mit dem Fuß. Und dann sagt er: „Jetzt will ich auch tanzen!" Er legt sein Schifferklavier ab, tritt vor Hilde und verbeugt sich galant. „Darf ich bitten?" Er greift sich Hildes Hand und legt seinen Arm um ihre Taille. Das fühlt sich warm an und geborgen und überhaupt nicht unanständig. Was die Leute so reden!

Rosie fängt an zu singen. Sie ist im Kirchenchor und hat eine schöne Stimme. „Nur nicht aus Liebe weinen", trällert sie und rollt dabei das R wie Zarah Leander persönlich. Der Schmiederer tanzt erstaunlich gut mit seinem steifen Bein. Er hat Hilde fest im Arm und dreht sich mit ihr im Kreis, immer schneller und schneller, als das Lied Fahrt aufnimmt. Hilde wird es ganz schwindlig. Doch dann vertraut sie sich seiner Führung an und lässt sich in seine Arme sinken, und ab da ist es wie Schweben. Hilde ist selig. Wie jemand nur schlecht über diesen Mann denken kann! Er hat ihnen ein köstliches Mahl und spritzigen Wein kredenzt, sich freundlich mit ihnen unterhalten, und nun bereitet er ihnen noch ein bisschen Spaß und Vergnügen. Seit Hilde denken kann, war niemand so nett zu ihr.

„Ich brech' die Herzen der stolzesten Frau'n", stimmt Rosie jetzt an. Der Wein ist ihr in den Kopf gestiegen und hat sie forsch gemacht. Ihre Stimme klingt weich und schleppend, ganz wie die von Heinz Rühmann. Der Schmiederer verlangsamt seine Schritte und wiegt sich nur noch sanft mit Hilde hin und her. Dabei schaut er ihr tief in die Augen und ihr ist, als könne er bis in ihr Herz sehen. Sie glaubt zu schmelzen. Er zieht sie näher zu sich hin und atmet sanft an ihren Hals. Dieser Mensch ist reine Güte, warmherzig, lieb und fein. Das muss sie ihm jetzt sagen, muss alles wieder gut machen, was die anderen ihm an Unrecht getan haben, muss ihm mitteilen, dass hier jemand ist, der sieht, wie er wirklich ist. Sie sucht noch nach Worten, ihr Kopf ist schwer und teigig. Da spürt sie etwas an ihrem Bein. Etwas Festes und Drängendes. Und sie spürt eine Hand ihr Hinterteil hinuntergleiten, an die Stelle, wo die Oberschenkel sich berühren und der Anselm sie manchmal kneift, wenn sie nicht aufpasst.

Hilde wird es gleichzeitig heiß und kalt. Ein Spruch von Lisbeth kommt ihr in den Sinn: Alles hat seinen Preis. Der Braten. Der Wein. Die Musik. Die Freundlichkeit. Und nun ist Zahltag. Hilde ist schlagartig nüchtern. Mit einem Ruck löst sie sich aus dem Griff des Schmiederers, packt Rosie am Arm und zerrt sie von der Eckbank. „Komm, wir müssen gehen!", ruft sie. „Was, warum?", fragt Rosie träge. Der Schmiederer grinst zweideutig. „Warum hast du es plötzlich so eilig?", fragt er. „Jetzt, wo's gerade gemütlich wird." „Weil die Leute doch recht haben mit dem, was sie sagen!", platzt es aus Hilde heraus. „Du Hurenbock!" Das ist das schlimmste Wort, das Hilde kennt. Noch nie zuvor hat sie es benutzt. Aber jetzt begreift sie, was es bedeutet. Und sie spürt, dass es sie schützt. Wie ein Schild schiebt es sich zwischen sie und den Schmiederer. Und es macht sie stark. Darum sagt sie es nochmal und nochmal, immer lauter, schließlich brüllt sie es heraus: „Du Hurenbock!"

Für einen Moment ist es totenstill in der Küche. Nur Hilde hört ihr Herz schlagen bis zum Hals. In ihrem Kopf schwirren Bilder: Die Anna, die mit nichts als einem Bündel Habseligkeiten ihre Kinder die Straße hinunterzieht. Hubers Gretel, die nach einem plötzlichen Blutsturz nur noch ein Schatten ist. Und Teres Klein, die ihren dicken Bauch unter weiten Schürzen versteckt, und der Mann ist im Krieg. „Ach so ist das", sagt der Schmiederer ruhig. „Erst schlägt sich die feine Dame den Bauch mit meinem Braten voll und trinkt meinen guten Wein, und dann beschimpft sie mich." Seine Augen glänzen, als er das sagt. Er fährt sich mit der Zunge über die Lippen. Jetzt bekommt es Hilde doch mit der Angst zu tun. Sie gibt Rosie einen Schubs, dann einen stärkeren, bis sie endlich in Schwung kommt und mit ihr aus der Küche flieht.

Der Schmiederer kommt ihnen gemächlich nach, er lacht laut und ruft: „Danke für die nette Gesellschaft, die Damen! Es war nicht leicht, euch in diesen Zeiten so fürstlich zu bewirten. Aber das war es mir wert. Und die Katze war längst überfällig!" Hilde schaut Rosie an, Rosie schaut Hilde an, und eine liest der anderen im Gesicht ab, was sie denken. Hastig springen sie die Staffeln hinunter. Sie schaffen es gerade noch zum Rosenstrauch. Dort finden die Überreste der Katze ihr schattiges Grab.

In der Nacht träumt Hilde wirr. Sie träumt von Fröschen, Hasen und Böcken, die wild um einen Herd tanzen. Von einem Zaubertrank, der Vorsicht in Versuchung und Ablehnung in Liebe verwandelt. Von einem magischen Wort, das böse Mächte bannt. Und von einer Katze, die ihr um die Beine schleicht. Von ihrem Schnurren wacht sie auf. Es ist ihr Magen, der knurrt.

Lydia Véréna Landeshaupt

69 Jahre

Geschäftsleitungssekretärin,
Freiberufliche Übersetzerin.
Seit 2011 Yoga-Lehrerin

Lydia Véréna
Landeshaupt

Lebensphasen: Die ersten zwanzig Jahre meines Lebens verbrachte ich im Stadtkern von Paris. Trotz der harten Lebensumstände bot mir diese Millionenstadt ein Schlaraffenland an kulturellen Erlebnissen, die sich bis heute als unschätzbare Einweihungsreise bestätigt haben. 1972 zog meine Familie in die Nähe von Straßburg. Ich begann mein Berufsleben in Deutschland. Seit 1985 lebe ich mit meinem Mann in Gernsbach.

Wie bin ich zum Schreiben gekommen: Der gewundene Pfad als Resümee lautet: „Geboren bin ich mit einem Bleistift, einem Pinsel und einem Buch in den Händen!"

In meinem Kopf hatte ich ständig eigene Filme, Romane, Bilder. Wahrscheinlich eine Art Selbstheilungsform der inneren Rebellion, die sich nicht verbal ausdrücken konnte.

Mit 10-12 Jahren gehörten die Buchhandlungen und Bibliotheken zu meinen Lieblingsorten. Sie machten aus mir einen Bücherwurm der französischen Literatur sowie der prägnantesten deutschen Autoren/Dichter (Deutsch wählte ich als Hauptfremdsprache).

Die unzähligen Museen und Kinosäle von Paris schenkten mir kostbare Momente. Manch gute Verfilmungen aus gelesenen Büchern haben sich in mir verewigt. Dank der Kuriosität zu der Zeit, den gleichen Film zwei Mal anschauen zu dürfen, ohne Aufpreis!

Damals wie heute gefiel es mir, Zuschauerin der Lebensbühne zu sein und diese mit meiner Phantasie bildhaft zu veranschaulichen, besonders durch Skizzieren von Erwachsenen und Kindern in skurrilen Szenen aller Art. Sie mit frechen Sprechblasen zu versehen, machte mir große Freude. Dies wurde zu meiner Inspirationsquelle für eigene Comic-Hefte.

Malen begleitet mich seit eh und je, als grenzenloses Zuhause meiner Seele.

Mein Bedürfnis, die Dinge in ihrer Ganzheit zu erfassen und meiner Intuition zu vertrauen, erkannte ich als verlässlichen Kompass. Eine dreißig Jahre lang andauernde Krankheit wurde so zu meinem Selbstheilungsweg. Yoga schenkte mir meine verlorene Lebenskraft zurück und Klarheit über das Wesentliche. Gerade jetzt! Ein unverzichtbares Gut.

Die Yoga-Lehrerausbildung erfüllte meinen innigen Wunsch, Lehrerin zu werden. Lehren in Achtsamkeit befriedet den Lernenden. „Lehren ist die Kunst, Fenster zu öffnen" (E. Perkmann).

Nach der Entdeckung der atemberaubenden Methode des Seelenschreibens im Jahr 2016 entstand die Idee zum Schreiben eines ersten Buches in Französisch. Im Frühjahr 2020 verbrachte ich drei Monate an einem schönen ruhigen Ort in Frankreich und begann an diesem Projekt zu arbeiten. Das Kernthema ist Befriedung und Versöhnung.

Als Märchen-Erzählerin in wunderschönen Gärten im Elsass auftreten zu dürfen, erlebe ich als wahres Geschenk. Der Zauber und die Weisheit der Märchen berühren Groß und Klein.

Was ist mir wichtig: Alles was dem Leben und der Liebe dient. Lassen wir das wertvollste Potenzial, die innere Welt unserer Kinder und Jugendlichen frei, mit weniger Druck und mehr Kreativität aufkeimen. Respektieren wir sie endlich als vollkommene Persönlichkeiten.

Lydia Véréna Landeshaupt

Der rote Schulranzen

Paris, September 1960

Die kleine Marie erstickt, sie fühlt sich wie im Gefängnis, schlimmer noch
... Im Gefängnis hätte sie wenigstens ein Zimmer für sich allein. Die winzi-
ge Mansardenwohnung teilt sich Marie mit ihren Eltern und ihren beiden
Schwestern, Lily und Viola.

Vor 130 Jahren in Paris als „chambre de bonne" benannt, war diese Man-
sarde das Zimmer eines Dienstmädchens. Toiletten und fließendes Wasser
werden mit allen anderen Bewohnern des sechsten Stockwerkes geteilt.
Teilen erweist sich also als tagtägliche Tugend, um dem sehr beengten
Platzverhältnis quasi weniger Macht zu schenken.

Um die fünf Münder zu ernähren, arbeiten Maries Eltern hart, manchmal bis spät in die Abendstunden. Marie empfindet ihre Strenge als unangenehm, dennoch hat sie sie uneingeschränkt lieb. Obwohl sie noch keine
fünf Jahre alt ist, erkennt sie, dass durch die ermüdenden Arbeitstage nur
knappe Kuschelmomente übrigbleiben. Aber was für eine süße Überraschung, wenn eine zärtliche Umarmung irgendwann und unerwartet das
Sagen hat.

Marie liebt Überraschungen über alles. Also, warum nicht sich selbst überraschen? Neugierig und verträumt zugleich, besitzt Marie die Begabung,
ihre Tage immer wieder neu zu erfinden. Alles was in Bodennähe der Pup-
penwohnung passiert, gleicht einem Königreich, das sich als grenzenloser
Spielplatz entpuppt.

Kein Wunder, dass Marie schon bis zehn zählen kann. Es ist so amü-
sant, immer wieder die zehn Füße der gesamten Familie nachzuzählen,
die vor ihrer Nase umherwimmeln. Marie ist allerdings dem Problem auf
die Schliche gekommen. Es sind eindeutig acht Füße zu viel, besonders am
Samstag und Sonntag. Warum haben andere Familien, die sie ab und zu
besuchen, viel mehr Räume mit viel mehr Platz?

Danach zu fragen, traut sie sich allerdings nicht mehr, denn die Antwort
ähnelt der Schallplatte über die Geschichte der „Ziege von Monsieur Seguin",
die ausgerechnet immer dann hängen bleibt, wenn der Wolf plötzlich im
dunklen Wald aus dem Nichts vor ihr steht. „Du bist zu klein, das wirst du

später verstehen" – „Du bist zu klein, das wirst du später verstehen." Marie hätte auch so gern erfahren, wie groß später ist.

Im Vorratsspeicher ihrer Fantasie entfacht die nächste Idee ein Feuerwerk! Wie zum Beispiel, ihren zierlichen Körper, wie in einem Dschungel, im Gewirr der acht „Pfoten" ihrer Mitbewohner durchzuschlängeln, ohne sie im Geringsten zu berühren. Wie ein Wiesel! Ja, es macht so viel Spaß zu beweisen, dass das Wiesel, wie alle sie nennen, es schafft, bei jeder Runde den Rocksaum von Mama, die großen Pantoffeln von Vati, die langen Haare ihrer kleinen Schwester Viola oder die Schürzenschleife von Lily nie zu berühren.

„Yuppie, ich habe gewonnen!"

„Oh, super, und was hast du gewonnen?", fragt Lily, die sich des Öfteren mit ihren fünfzehn Jahren als Ersatzmama erweist.

Maries Augen leuchten. „Trage mich, ich will so groß sein wie du!"

Und schon darf Marie für einige Minuten die Welt von oben sehen. Eng ist diese immer noch, doch das Auge des Daches mit dem seltsamen Namen, Vasistas, wirft Licht in die Miniaturküche. Beide Händchen von Marie halten den Griff der Dachluke fest. Mit Hilfe von Lily schiebt sie ihn hoch. „Husch!". „Geschaaafft!", ruft Marie begeistert aus. Die Dachluke ist offen. Der kleine Hals von Marie wird immer länger und verrät ihre Neugier nach dem Schauspiel da oben. Was gibt es heute zu sehen? Himmelstreifen, Wolken, Sonne, Regen, Wind, Spatzen?

„Guck Lily, die Tauben schweben!" Hin und weg piepst Marie wie ein Küken; ihre gestreckten Händchen dahin deutend, verraten ihre Lust ihnen nachzufliegen.

Wenn der Arm von Lily zu schwer wird, steht Marie wieder am Boden und schmollt.

Marie denkt häufig, was für ein Glück Lily hat, zehn Jahre älter zu sein. Sie darf, wie die Großen, fast alles. Kochen, einkaufen und mehrmals am Tag einen Ausflug zur Wasserquelle auf dem Treppenabsatz machen, um den emaillierten Wasserkrug zu füllen.

In der Warteschlange vor dem Spülbecken werden unter den anwesenden Nachbarn seltsame und spannende Neuigkeiten ausgetauscht. Danach hat Lily immer etwas zu erzählen. Dann ist Marie voll Ohr, weil die großen Personen sich manchmal komische Spiele einfallen lassen. Besonders, wenn es um die launische Madame Ponsard geht, die „Concierge", die Wächterin des Wohngebäudes, die im Innenhof in einer großen Dienstwohnung lebt. Für alle Bewohner ist Madame Ponsard eine sehr wichtige Person.

„Sie hat die Rotweinflasche ihres Mannes unter dem Bett versteckt und die Flasche am nächsten Tag wieder leer gefunden. Es gab viel Krach und Geschimpfe mit ihrem Mann", so die schwupp di wupp gekürzte Fassung von Lily, als sie zurückkommt. Marie schweigend und nachdenklich: „Na ja, es gibt Tage, an welchen man mehr Durst hat als an anderen, oder die Concierge spielt Verstecken und verliert nicht gern."

In Sachen „Routine brechen" erweist sich die kleine Marie als wahre Künstlerin. In ihrem kindlichen Wesen schlummert ein großer Herzenswunsch. Eine Sehnsucht, so weit wie der Himmel. Ständig und immer wieder greift Marie zu der Frage der Fragen:

„Mamaaa! Wann darf ich endlich zur Schule gehen?", „Wie viele Tage noch?"

Sie bringt tagtäglich ihre Eltern auf die Palme, bereits kurz nach dem Aufstehen.

„Marie, du bist so ungeduldig wie die Ziege von Monsieur Seguin!", ist eine der unzähligen Antworten, die sich ihre Eltern oder Lily immer wieder einfallen lassen. Marie hört es nicht gern und schmollt. Oder sie antworten energieschonend, weil am Ende mit ihrem Latein, nur noch mit „baaald!", oder viel schlimmer für die Kleine: zum Himmel empor seufzend. In dem Wissen, dass dieser Anfang September geplante erste Schultag für alle eine Erlösung sein wird.

Seit sie einen Buntstift in der Hand halten kann, sehnt sich die verträumte kleine Marie nach ihrem ersten Schultag! Der Enge ihres Zuhauses zu entkommen, ist sicher ein verständlicher Grund. Aber nicht nur. Trotz ihrer Schüchternheit fremden Personen gegenüber, treibt sie ihre Neugier über die Ufer der Scheu. Sie sieht sich mit Freundinnen, mit denen sie spielt und lacht. Ihren Vornamen, Marie, hat sie akribisch mit Buntstiften geübt, am liebsten auf der Tageszeitung von Vati am Wochenende. Die Uhrzeit zu lesen, ist gar nicht so schwer. Zumindest der kurze Strich, der Zeiger am Mittag und der lange Strich um sechs Uhr, die sind glasklar.

Nur noch zwei Wochen, eine lange Woche, zwei Tage, morgen ist es endlich soweit!

Marie verhält sich an diesem besonderen Tag vor dem lang ersehnten Ereignis auffallend ruhig. Sie widmet sich ihren liebsten und intimsten Freunden.

Angelehnt an das einzige Fenster im Raumbereich Schlafzimmer-Esszimmer-Spielzimmer, kümmert sich Marie um ihre gefiederten Gefährten, die Tauben, die immer reichlich Futter aus ihrer kleinen Hand bekommen. Wie schön, dass sie immer zuhören, wenn Marie mit ihnen spricht und mit dem Kopf nicken. Maries Fantasie scheint ihnen zu gefallen. Drei von ihnen sind besonders zutraulich zu ihr. „Prinzess" mit dem beige-weißen Gefieder, „Gaston" mit dem dicken Bauch und „Cervelat-Finger". Letztere nennt sie so, weil die Arme durch eine verletzte angeschwollene Kralle stark hinken muss. Wenn eine der Tauben wieder wegfliegt, würde Marie am Liebsten auf ihrem Rücken sitzen, um über dem Meer der blauen Dächer mit den hohen Schornsteinen zu schweben. Die anhänglichen Tauben kommen immer wieder. Klopft eine an die Scheibe, ist Marie schon zur Stelle.

Es sei denn, sie ist in ihrer wundersamen Welt versunken. In dem engen Spalt zwischen dem Geschwister-Bett und der Wand sitzend, fühlt sie sich unbeobachtet. Zierlich und gelenkig wie sie ist, verschwindet sie im Nu dorthin. Sie liebt ihre Rückzugshöhle. Wie Alice im Wunderland ist sie dort die Herrin ihrer imaginären Welt. Leise Zwiegespräche entstehen mit Zauberwesen. Eines von ihnen, Bagol, trat eines Tages in ihr Leben.

Einfach so. Dafür braucht Marie keine Erklärung, kein Warum. Ausschließlich ihm traut sie sich, ihren Herzensgrund zu offenbaren. Es gibt nicht den geringsten Zweifel, Bagol ist ihr engster Vertrauter, ihr Schutzengel.

„Mit wem redest du denn schon wieder, Marie!?", fragt ihre Mutter.

„Mit meiner Puppe", sagt Marie leise, ohne den Blick zu erheben.

„Bin ich froh, dass du morgen in die Schule kommst!", seufzt Maries Mutter.

Die Bemerkung ihrer Mutter reißt Marie aus ihrer Intimität in die Realität. Ihr Bauch blubbert, wie die Bläschen des kochenden Wassers auf dem Herd. Trotz der Riesenfreude auf ihren ersten Schultag, ahnt Marie insgeheim, sie wird morgen aus ihrem Kokon herauskommen müssen.

An diesem farbenprächtigen Septembermorgen hält die kleine Marie ganz fest die Hand ihrer Ersatzmama Lily, die sie bis zur Ecole Primaire, der Grundschule, begleitet; durch die Einkaufsstraßen um den weitläufigen Republik-Platz, am belebten Wochenmarkt vorbei, durch die ruhigen Gassen bis zur Schule. Marie hüpft spontan und immer wieder auf einem Bein auf den Bordsteinkanten. Das beste Ventil, um Freude und Lampenfieber zu entladen!

Ihre wunderschönen langen Zöpfe, von Lily sorgfältig geflochten, hüpfen mit.

Nein, Maries Kleid ist nicht neu, ihre Schuhe sind auch nicht neu. Das ist aber so egal! Denn sie hält mit der anderen Hand und mit bombastischem Stolz den nagelneuen himbeerroten Schulranzen, den ihre Eltern ihr geschenkt haben, trotz der knappen Kasse.

„Oh! Er duftet nach, nach… Himbeermarmelade!", meinte Marie gestern Abend.

Am liebsten hätte sie ihn die ganze Nacht im Bett in ihren Armen festgehalten!

Die ersten Juwelen dieses Schatzes, ein Bleistift, ein Radiergummi und ein dünnes Heft, lassen sich leicht tragen. Die Sonne scheint am Himmel und im Herzen von Marie. Sie fühlt sich wie eine Prinzessin an ihrem Hochzeitstag. Den schönsten Schulranzen der Welt zu besitzen, fühlt sich so gut an, wie ein Anker! Ihr neuer Verbündeter, noch ganz ohne Kratzer wie ihre Seele, gesellt sich zu Marie für den großen Sprung in ein neues Leben.

Je näher das Schulgebäude aus der Ferne rückt, desto stiller wird Marie. In ihrem Bauch blubbert es wieder.

Das Schulgebäude ist gigantisch, ebenso die Menge der jungen Mädchen in Begleitung von großen Personen. Alle stehen noch vor dem geöffneten Tor, das auf die Weite des Schulhofes hinweist. Eine helle Aufregung schwebt in der Luft.

Lily und Marie schlängeln sich durch die Menschenmenge. Die Lehrerinnen bereiten sich vor, die jungen Schülerinnen ihrer jeweiligen Klasse von einer Liste aufzurufen.

Lilys Hand löst sich, zum Glück behält Marie ihr Schmuckstück in der anderen Hand.

„Marie, erinnerst du dich? Am Mittag, beim kurzen Strich der Zeiger, hole ich dich wieder ab", sagt Lily mit beruhigender Stimme. Marie nickt. Lily küsst sie liebevoll. Ihre Hände sagen „bis nachher". Lily ist weg.

Maries Lehrerin versammelt im Nu ihre Schäfchen an der Klassentür. Ihre raue dominante Stimme ist nicht zu überhören. Die Schäfchen schweigen. Sie sieht aus wie Olivia, die Freundin von Popeye, denkt sich Marie. Einige Comic-Bilder des schmächtigen Seemanns, Popeye, der in schwierigen Situationen seine Kraft aus Spinat schöpft, haben sich bei ihr stark eingeprägt. Jedes Mal, wenn zu Hause Spinat auf dem Speiseplan steht, heißt es: „Heute gibt's wieder Spinat für die Muskeln!"

Marie würde am liebsten gerade jetzt eine Riesenportion vertilgen.

Die lange dünne Olivia mit dem Haarknoten öffnet die Schulklassentür und damit Maries neue Welt, die in einem hellen hohen Raum mit zwei Schulbankreihen und einem breiten Gang dazwischen erscheint. Die Zweisitzer-Reihe gleich links an der Wand, die Dreisitzer-Reihe von der Mitte des Raumes bis zur Fensterfront beherrschen das Klassenzimmer.

Maries Füße kennen sich so gut in kurzen Schritten aus, dass sie sie unweigerlich gleich um die Ecke links zu der Reihe für zwei Schüler führen. Noch in dem Vakuum zwischen Traum und Realität sitzt Marie jetzt zum ersten Mal auf ihrer Schulbank. Die Gebrauchsspuren des alten Holzes hätten viel zu erzählen. Auch ein Holzwurm war mal an manchen Stellen zu Besuch. Auf dem freien Sitzplatz neben Marie leuchtet aus allen Poren ihr himbeerroter Schulranzen. Die riesige schwarze Kreidetafel zieht Marie magisch an.

Alles ging so schnell. Viel zu schnell!

Marie nimmt zu spät wahr, dass Niemand neben ihr sitzt. Sie wollte doch unbedingt bei anderen Mädchen sein. Melancholisch, fast neidisch, schaut sie auf die mittlere Reihe, wo alle schön angezogenen Mädchen nebeneinander sitzen und sich sogar trauen, leise zu plaudern. Verunsichert erhebt sich Marie für einen kurzen Moment von ihrer Bank. Schnell die Chance ergreifen, noch blitzschnell den Platz wechseln? Während alle Schülerinnen inzwischen schön brav und wieder schweigend ihren Platz gefunden haben, wird die Aufmerksamkeit der Lehrerin auf Marie gelenkt.

Olivias strenger und fragender Blick durchbohrt Marie. Ihre langen Beine mit den schwarzen Lackschuhen verlassen so urplötzlich die Bühne vor der Kreidetafel, dass in Sekundenschnelle die gerunzelten Augenbrauen und die raue Stimme wie die Wellen einer stürmischen See über die kleine Marie brechen. Ihr kleiner Popo fällt auf die harte Bank zurück.

„Das brauchen wir heute nicht, dieser Schulranzen gehört nicht hierher!", beteuert die Lehrerin.

Kaum gesagt, schnappen sich ihre Krallen den verbotenen Schulranzen, der vor Maries Augen vorbeifliegt, um schließlich unter dem Schreibtisch der Lehrerin vor der Kreidetafel zu verschwinden.

Die kleine Marie steckt fest in einem Eisberg. Stumm. Ihr Atem stockt. Ihr Herz explodiert bis in die Haarspitzen! Die Zähne der panischen Angst beißen ihren Magen, ihr ganzes Wesen. Einsam, noch einsamer. Hilflos, hilflos, hilflos…! Jetzt schwimmen hundert Kröten in ihrem Bauch, er tut so weh!

In Maries Köpfchen donnert es heftig.

Mein Schulranzen! Er ist für immer weg. Was habe ich verbrochen? Ich werde bestraft… Wie aus dem All hört sie die Vorwürfe ihrer wütenden Eltern „Warum hast du nicht aufgepasst!?", „So ein teures Geschenk!"

Marie nimmt um sich herum nichts mehr wahr. Auch nicht die verwirrten, mitfühlenden Blicke ihrer Mitschülerinnen. Auch nicht das Gerede der bösen unzugänglichen Olivia.

Maries Gewohnheit „alles allein durchzustehen" funktioniert nicht mehr. Das Koboldhafte, das in ihrem Blut liegt, erlischt. Ihr Lebensmut liegt brach. Die Kleine beugt sich vor, legt ihr Gesicht auf ihre verschränkten Arme. Leise fließen befreiende Tränen. Im stillen Schluchzen kann sie wieder einigermaßen atmen.

In dem Augenblick, zwischen den Wellen ihres Schluchzens, erwacht ein unhörbarer Ruf aus ihrem Herzen: „Bagol! Bagol!… Bagol!"

Urplötzlich unterbricht ein Klopfen an einer der Glasscheiben das Geschehen in der Schulklasse.

Marie richtet sich sofort auf, wie ein Phönix aus der Asche.

„Klock! Klock!" Und noch lauter „Klock!"

Eine schneeweiße Taube sitzt auf der Fensterbank und klopft beharrlich mit ihrem Schnabel gegen die Scheibe. Alle Schülerinnen drehen ihre Köpfe zu der unerwarteten Besucherin. Eine von ihnen, die in der Nähe sitzt, öffnet spontan das Fenster.

„Die Taube will hereinkommen!", ruft das temperamentvolle junge Mädchen und versiegelt dadurch die Lippen der verdatterten Lehrerin. In Windeseile flattert die Taube mit eleganten Flügelschlägen herein, direkt zu der Lehrerin; setzt sich auf ihre linke Schulter und flüstert ihr ins Ohr, in einem wohlwollenden und zugleich eindringlichen Ton:

„Ich habe eine Nachricht für dich: Die kleine Marie braucht dringend deine Hilfe! Sie fühlt sich völlig verzweifelt und ausgegrenzt, seit du ihr ihren Schulranzen weggenommen hast. Er ist ihr ‚Ein und Alles', ‚ihr ganzer Stolz', an diesem ersten Schultag, wovon sie seit Monaten träumt! Ehrlich gesagt, liebenswert warst du ja nicht gerade, na ja …

Die Kleine ist jedenfalls in der Not, fürchtet von ihren Eltern bestraft zu werden, vor allen Dingen fragt sie sich, was sie überhaupt falsch gemacht hat, dass man ihr das wertvolle Geschenk ihrer Eltern so lieblos entreißt! Ihr Bauch schmerzt so sehr, dass sie bald in die Hose machen wird, wenn du nichts unternimmst!

Es war sicher nicht deine Absicht, bewusst der kleinen Marie weh zu tun. Deshalb tue Etwas! Mache es wieder gut! Du bist eine gute Lehrerin, das weiß ich. Aber glaub mir, zu viel Strenge schürt Angst, macht alles eng. Vor dir sitzen zauberhafte Kreaturen, Kinder, wie du mal eins warst. Erinnerst du dich?

Du wirst sehen, die kleine Marie wird eine sehr gute Schülerin werden. Wenn du nur ahnen würdest, wie groß ihr Hunger nach Wissen ist! Sie liebt die Schule, ohne zu wissen, was überhaupt auf sie zukommt.

Bitte, ruiniere nicht ihren ersten Schultag! Rette die Situation. Du bist der Big Boss, Marie ist noch zu fragil und schüchtern, um sich zu wehren. Außerdem wünscht sie sich, neben anderen Mädchen sitzen zu dürfen.

Am jetzigen Platz fühlt sie sich einsam. Also, ich sag schon mal ‚Danke‘ und werde aber erst wieder wegfliegen, wenn alles in Ordnung ist, für Marie, für Dich, für Alle, ok?"

Wieder in Windeseile fliegt der Wundervogel zu Marie, ganz nah vor ihr auf den Tisch, fast Schnabel an Nase.

Einige Sekunden, vielleicht Minuten, vielleicht eine Ewigkeit vergehen in dieser unvergleichbaren, wortlosen Begegnung zwischen den Beiden. Im Ozean der großen Weltenseele.

Im Klassenzimmer hört man die Stille hinter der Stille. Marie fühlt sich wieder lebendig. Der weise und kluge Vertraute von Marie fliegt auf den Schreibtisch der Lehrerin zurück. Ein klares Zeichen.

Olivia hat nur noch Augen für Marie. Vielleicht weil sie noch etwas benommen ist und nicht so richtig einschätzen kann, was gerade passiert, laufen ihre langen Beine mit den schwarzen Lackschuhen in langsamen Schritten zu Marie. Mit beiden Händen trägt sie die rote Schatztruhe, wie ein Geschenk.

Mit sanfter Stimme wendet sich Olivia an ihre kleine Erstklässlerin:

„Meine liebe Marie, du hast nichts falsch gemacht. Absolut nichts. Es tut mir sehr leid. Vielleicht war ich zu forsch. Ich wollte dir nicht wehtun. Ich hätte es dir erklären sollen und euch allen (Olivia wendet sich der ganzen Klasse zu), dass ich am Tag eurer Einschulung ein kleines Buch mitgebracht habe, für jede von euch, mit dem Titel „Mein erster Schultag". Mit Bildern, kurzen Texten und vielen weißen Blättern zum Zeichnen und Malen eurer Vornamen. Ich möchte euch auch besser kennenlernen; euch die Zeit geben, Dinge aus eurem Leben und Alltag erzählen zu können."

Nach einer kurzen Pause, während sie sich wieder an Marie wendet, „einen Schulranzen braucht ihr vorerst nicht. Alles was ihr im Moment braucht, bekommt ihr von mir."

„Voilà", sagt Olivia und übergibt Marie mit fast zeremonieller Anmut ihren himbeerroten Schulranzen.

„So einen tollen Schulranzen habe ich noch nie gesehen. In diesem leuchtenden Rot schon gar nicht! Mit dem wirst du in den Straßen von Paris nie verloren gehen!", sagt Olivia mit einem breiten Lächeln.

Marie hält ihren Schatz ganz fest an ihrer Brust. Als die verwandelte Olivia ihr ein sorgfältig gebügeltes Stofftaschentuch zum Trocknen ihrer Tränen überreicht, dann ein wenig verschämt, ihre langen Zöpfe streichelt, fühlt Marie, wie sich eine warme Welle in ihrem Körper ausbreitet. Sie hatte nicht bemerkt, wie eiskalt es ihr war.

Plötzlich ruft das Mädchen, das zuvor den Mut hatte, das Fenster ohne die Erlaubnis der Lehrerin zu öffnen:

„Schau, Marie, die Taube sitzt auf dem freien Platz in der ersten Reihe. Sie will dir bestimmt zeigen, dass dein Platz hier vorne ist!"

„Ja, das finde ich auch, es ist eine gute Idee", erwidert die Lehrerin, die sich von ihrem Staunen nichts anmerken lässt, wie das Mädchen ahnen kann, was ihr die Taube zuvor im Vertrauen verraten hat.

„Das ist der richtige Platz für dich, liebe Marie", bestätigt Olivia, während sie sich den beiden Mädchen zuwendet, die links und rechts vom freien Platz sitzen.

„Du heißt Martine und du Constance? Richtig?"

„Ja", nicken beide Mädchen lächelnd, die sich spürbar auf ihre neue Nachbarin freuen.

Olivia läuft voraus, Marie folgt ihr, mit taumeligen Beinen. Sie kann es nicht glauben, ihr innigster Wunsch wird auch noch wahr. Innerlich fährt Marie immer noch Karussell. Sie ist glücklich, mag aber nicht mehr im Mittelpunkt sein.

Martine und Constance sagen liebevoll „bonjour" zu Marie, die jetzt einige Schritte vor dem Schreibtisch von Olivia, ganz nah an der magischen Kreidetafel sitzt.

Die Taube springt auf die Schulter von Marie. Gut, dass die Beiden sich in wortlosen Botschaften auskennen.

„Ruf mich, meine kleine Fee, wann immer du mich brauchst, ich werde immer für dich da sein. Freue dich auf Martine und Constance. Freue dich auf die ganze Klasse, die auf deiner Seite ist. Samt Olivia! Übrigens, bravo Marie, Olivia passt klasse zu ihr! Du wirst sie bald richtig mögen."

„Bagol, bleibst du heute noch bei mir?"

„Ja, versprochen. Mach dir keine Sorgen mehr. Kleine Marie, ich werde nie weit weg von dir sein."

Maries Herz fühlt sich wie in zartem Velours verpackt. Ein letztes Mal flattert die Taube mit ihren Engelsflügeln an Olivias Ohr vorbei. „Danke Boss! Du hast deinen Job gut gemacht!"

Sichtbar von dem unerklärbaren Zauber ergriffen, sagt Olivia: „Ich habe den Eindruck, unsere Freundin möchte wieder wegfliegen."

Seltsam, was Marie empfindet in diesem Augenblick. Olivia hat eine neue Stimme, gar nicht mehr so rau.

******

Die weiße Taube fliegt in Windeseile aus dem Fenster und verschwindet über die blauen Dächer.

Im Klassenzimmer schwebt eine federleichte Stille über den zufriedenen Gesichtern.

Das Büchlein „Mein erster Schultag", inzwischen von Olivia verteilt, liegt auf allen Tischen. Die Mädchen warten auf die Erlaubnis der Lehrerin, es aufzuschlagen.

Marie hat es plötzlich nicht mehr so eilig. Eine zarte weiße Feder ruht auf dem Deckel ihres Buches.

Eva Lauterbach

75 Jahre

Lehrerin, Autorin

Eva Lauterbach

Studium Germanistik und Romanistik. Am Gymnasium unterrichtet, dann 30 Jahre als Autorin für den SWR unterwegs: Gefragt, zugehört, geordnet, geschrieben und moderiert.

Lebenslanger Leitspruch: „Öffne die Bücher und sie öffnen dich."

Eva Lauterbach

Fräulein P.

So many things I would've done
But clouds got in my way

Joni Mitchell

Eigentlich ist sie immer da, obgleich sie tot ist. Seit 36 Jahren.
Je mehr Zeit vergeht, desto deutlicher tauchen die alten Bilder auf. Trauer und Sehnsucht. Schmerz über das, was mit ihr untergegangen ist, was nie mehr gewusst werden wird. Erinnerungen, heisst es, verblassen im Lauf des Lebens.

Diese drängt nach oben, greift Raum. Dass die Zeit alle Wunden heile, ist ein Märchen.

Sie, um die es geht, kam am Ende des Krieges aus Schlesien, was man ihr zeitlebens anhören konnte. Ein Zug voll Vertriebener. „Flüchtlinge", sagte das Volk, „Deutsche mit leichtem Gepäck". Eine kleine, freundliche 50-jährige Frau, hell und so schlank wie alle damals waren. Sie hatte dieses auffallende Auge, dessen umgebende Haut seltsam verschrumpelt war – Resultat eines frühen Ärztepfuschs. Aber sie blickte voll gutmütiger Liebe in die Welt. Und sie hatte Witz und Humor. Einen Mann hatte sie nicht. Nur eine bettlägerige Mutter, die sie zuhause jahrelang gepflegt und dann beerdigt hatte.

Bei ihrer Ankunft im Bayrischen besaß sie nichts. Bis auf ihren Gottesglauben, eine demütige Bescheidenheit, eine fast närrische Kinderliebe und einen breiten goldenen Ring. Einen Beruf hat sie nicht erlernt.

Das Schicksal führte sie zu einem Akademiker-Ehepaar mit einer gerade geborenen Tochter, ein blondes Baby, das sie sofort mit allen Fasern ihres Herzens zu lieben beginnt. Sie wird von nun an bei „Dokters" wohnen und sich um den Haushalt kümmern. Mädchen für alles sozusagen. Sie ist immer da, macht alle Umzüge mit, ist nie krank. Das Baby küsst und herzt sie in unbeobachteten Momenten, bis es zu groß dafür ist.

Sie heißt „Fräulein P." und Dokters behandeln sie freundlich, aber mit Distanz. Sie sitzt mit am Tisch, teilt sich mit dem Kind ein Zimmer und mit der Familie den Alltag der unruhigen Nachkriegsjahre. Das Kind, das sie zärtlich „Schweineherzl" nennt, liebt sie sehr. Das wird 36 Jahre lang so bleiben.

Was alles lag hinter der 50-Jährigen? Was hat sie erlebt, welche Fluchtwege genommen? Wen hat sie zurückgelassen, wen geliebt? Wie sehr quält sie der Heimatverlust, das zurückgelassene Hab und Gut? Darüber kein Wort. Nicht jetzt und auch später nicht, als das Kind längst groß und ein unruhiger Geist geworden ist. Auch Dokters fragen nicht, bringen die Rede nie auf ihre Herkunft.

Noch schlüpft das Kind zur Kinderfrau ins Bett.
„Ich bin der Froschkönig und du bist meine Prinzessin", sagt es.
Und an manchen Abenden jammert es der Vertrauten seine kleinen Leiden ins Ohr. War es krank, das Kind, saß Fräulein P in einer Zimmerecke und las unermüdlich mit einschläfernder Monotonie die Märchen vor, die man ihr hingelegt hatte.
Dokters konnten unbeschwert ihrer Arbeit nachgehen.

Kam Fräulein P von einem Ausflug aus der Stadt zurück, brachte sie dem leseversessenen Kind Bücher mit: schmale, billige Pappbände vom Wühltisch: EVA SPIELT DIE HAUPTROLLE, KASPERLE PIFF PAFF POLTRIE oder GISEL UND URSEL. Aber weil Frau Dokter solche Bücher missbilligt, hören die Geschenke auf.
Sonntags bringt Fräulein P manchmal Schlesisches auf den Tisch: die wuchtig-glitschigen, grünschimmernden Klöße aus rohen Kartoffeln, Breslauer Rotkraut und hinterher „Mohkließla", Mohnklöße. Dokters mögen das.

Einmal bekommt das Kind einen tödlichen Schrecken:
Ein diesig-grauer einsamer Wintertag. Sie und die Kinderfrau ziehen den Schlitten über Schnee und Eis zum Fluß. Plötzlich stolpert die Erwachsene, fällt und rutscht bäuchlings das Ufer hinab. Kann sich nicht wieder aufrichten. Das Kind erstarrt: Weit und breit kein Helfer in Sicht. Das ist das Ende. Panisch lässt die 10-Jährige den Schlitten das Ufer hi-

nunter, der Erwachsenen entgegen gleiten. Die greift danach. Das Kind
zieht und zerrt und zerrt um sein Leben, bis die Betreuerin Boden unter
den Füßen hat, die letzten Meter hochkriecht. Wie betäubt dann der
Heimweg.

Wenn Adventszeit ist, lockt Fräulein P das Kind frühmorgens vor der
Schule in die abgedunkelte Küche. Dort brennt eine Kerze und ein Speku-
latius-Keks liegt daneben. Wenn das Kind ein adventliches Verslein auf-
gesagt hat, darf es mit dem Spekulatius abziehen. Die Eltern, Dokters, sind
derweil im Bad. –
„Host a Taschentichl mit?", ruft Fräulein P dem Kind hinterher, wenn es
nach draußen geht. Ihre Art der Fürsorge.
Einmal lässt das Kind versehentlich das schwere alte Eisenbügeleisen
fallen, es schießt senkrecht auf den Fußspann von Fräulein P. Die Spitze
gräbt sich ins Fleisch. Die Vertraute verdreht die Augen vor Schmerz.
Und es wird auch nie mehr ganz gut – aber sie verliert kein Wort
darüber.

Inzwischen hat Fräulein P die ein oder andere weitläufige Verwandtschaft
aus Schlesien wiedergefunden. Ein, zwei Mal im Jahr packt sie einen kleinen Koffer und macht Besuche in einer fremden Stadt. Einmal darf das
Kind mit und kommt in eine fremde Umgebung: Kleine stämmige Leute
mit breiten Gesichtern laufen in einer engen Wohnung umher. Sie reden
laut durcheinander, lachen viel und haben Probleme mit Fremdworten. Es
wird gegessen und viel getrunken – man wohnt ja in einer Weingegend.
Das Kind staunt über so viel unkomplizierte Herzlichkeit.

Dann wird es größer und ungebärdig. Fräulein P hat inzwischen ein eigenes Zimmer bezogen. Dort schläft sie jetzt. Fremd stehen ihre billigen
glänzenden Kaufhausmöbel in dem engen Raum nebeneinander. Es sieht
schauderhaft ungemütlich aus. Aber Fräulein P kommt ja nur zum Schlafen und läuft frühmorgens bei jedem Wetter wieder los zu „ihrer" Familie.
Sie bindet ihr kleines „Kopptüchl" eng unter dem Kinn zusammen und
geht eine halbe Stunde quer durch den Vorort. Man kennt sie dort, weil sie
freundlich ist, und für jeden ein Wort hat.

Die Heranwachsende ist jetzt oft giftig. Sie macht, was sie will und ihrer Betreuerin das Leben schwer, fällt über ihre Taschen her, in der Hoffnung, man habe ihr etwas mitgebracht. Wenn sie gar zu widerspenstig wird, droht Fräulein P, sie werde „aber abends den Eltern alles sagen…". Doch das passiert nie.

Fräulein P geht zum „Schlesiertreffen" und holt Geld ab beim „Ausgleichs-amt", das Anfang der 50er Jahre einen Lastenausgleich gewährt, Entschä-digungen für Deutsche, die infolge des Zweiten Weltkriegs Verluste erlit-ten, Vermögen verloren hatten. Die bundesdeutsche Gesellschaft ist sofort alarmiert und ruft: „Lasst den Ausgleich!" Aber Reichtümer kann Fräulein P sowieso nicht anhäufen. Auch die Bezahlung bei Dokters ist mäßig. Den einzigen goldenen Ring, den sie besitzt, zieht sie stolz und andächtig an Weihnachten über den Finger. Aber er passt nicht mehr. Die Hände sind von der Arbeit dick geworden. Und es sieht ein bisschen qualvoll aus. Auch ihre Beine sind dick. Sie hat seit ihrer Geburt ein schwaches Herz, das jetzt – beim Älterwerden – das Wasser in die Beine treibt.

Immer donnerstags lädt die Vorortkirche zur „Frauenhilfe". Da geht sie hin. Frauen aus der Gemeinde beten und singen mit der Gemeindeschwes-ter. Man redet ein bisschen, tratscht, holt sich Trost für den Alltag. Frauen-hilfe.

Eines Tages muss es Meinungsverschiedenheiten zwischen Frau Dokter und Fräulein P gegeben haben. Vielleicht kann sie, älter wie sie jetzt ist, nicht mehr gründlich genug „reine machen", und Frau Dokter fürchtet um ihr Ansehen? Man beschließt, sich zu trennen. Fräulein P nimmt ihre schwarze Tasche, verlässt das Haus und erscheint in den nächsten Tagen nicht mehr. Die Halbwüchsige liegt morgens im Bett, starrt in die Dunkel-heit und kann es nicht fassen. Sie ist todtraurig, denkt an Fräulein P und weiß nicht, wie das Leben weitergehen soll. Doch plötzlich ist Fräulein P wieder da. Und die Tochter des Hauses hört, wie ihre Mutter, Frau Dokter, mit Fräulein P in der Küche redet: „Wollen wir's nochmal miteinander ver-suchen?", sagt die Mutter. Die Tochter ist entsetzt über den herablassenden Ton! Aber sie sagt nichts.

Dann wird Frau Dokter sehr krank, liegt im 10. Stock einer Klinik.
Fräulein P steht mit der Technik auf Kriegsfuß. Ist ihr nicht geheuer.
Schon Telefonieren mag sie nicht. Und Fahrstuhl fahren?
„Da wackelt mer ja der Kopp", sagt sie, steigt aber tapfer in den Fahrstuhl,
der sie über die Dächer der Stadt emporschweben lässt. Mit vor Aufregung
rotem Gesicht besucht sie Frau Dokter. Schaut andächtig auf die Kranke.
Geredet wird kaum.

Die Tochter verlässt jetzt das Elternhaus, zieht in eine andere Stadt. Sie
ist erwachsen, denkt hie und da an Fräulein P, schickt ihr Päckchen mit
Weinbrandbohnen ohne Kruste und erbauliche Bücher, für die sich die
Beschenkte liebevoll mit Karten in deutscher Schrift bedankt. Aber das
Leben ihres „Zöglings" ist auf Zukunft gerichtet, Fräulein P an den Rand
geschoben. Die inzwischen über 80-Jährige ist jetzt auch in ein „Altenheim" übersiedelt, wohnt zusammen mit einer 95-Jährigen, die sie sofort
liebevoll betreut.

Dann hört die Tochter, dass Fräulein P ins Krankenhaus gebracht wurde.
Krankenhaus! Dieser Einrichtung hat sie immer aus tiefster Seele miss-
traut. Als die Tochter sie besucht, liegt eine stille, kleine Frau in dem viel
zu großen weißen Bett, ruhig und schicksalsergeben. Sie beklagt sich nicht,
redet wenig, fügt sich.
Die Ärzte sagen, dass es ernst ist. Und Fräulein P überlebt nicht.

Die Beerdigung, zu der die Tochter in einem geliehenen schwarzen Fal-
tenrock im ununterbrochen strömenden Regen fährt, könnte sachlicher
nicht sein. Da sind schlesische weitläufige Verwandte, die betreten in der
Aussegnungshalle herumsitzen und sich später dafür interessieren, was es
zu erben gibt. Für die Tochter ist dieser Abschied nichts wirklich Erschüt-
terndes.

Erst, als sie selber eine Familie hat, Kinder bekommt, nicht mehr nur nach
vorn, sondern auch zurückschaut, beginnt sie nachzudenken: Wie war das
damals mit Fräulein P? Was verdankt sie ihr? Wer war sie denn überhaupt,
diese selbstlose Frau ohne Berechnung, deren erste Lebenshälfte im Dunkel

liegt? Die Tochter quält ihr Nichtwissen. Dauerhaft. Sie stellt Fotos von der Kinderfrau auf, trägt eines immer im Medaillon um den Hals. Aber das nützt nichts. Das Bild hat riesige blinde Flecken. Zuviel versäumt. Eine Spurensuche ergibt so gut wie nichts. Die Fragen, das Bohren, die Leerstellen bleiben. Die Traurigkeit auch.

Anita Le Fur

75 Jahre

Industriekauffrau

Anita Le Fur

Anita Le Fur verlebte ihre Kindheit und Jugend im Kreis Fulda. Lernte und arbeitete in den Geschäften ihrer Eltern. Sie lebte in Zürich und Südfrankreich und kehrte erst um sich selbstständig zu machen nach Deutschland zurück. In der Nähe von Heidelberg erfüllte sich ihr Lebenstraum – sie übernahm ein Hotel. Nach Jahren Hotelarbeitsleben eröffnete sie ein Geschäft für Damenmoden und Interieur. Seit 1989 schreibt sie. Nach einem Buch, das biografisch und zeitgeschichtlich geprägt ist, folgte das Schreiben in Lyrik. Heute lebt sie in der Nähe von Baden-Baden.

Anita Le Fur

Wiedersehen in Le Castellet

Ich kam in den Süden, mit dem Mistral
dem brausenden Wind, der
die Pinien biegt, die Laken auf der Leine
schlagen lässt und das Klappern der Volet
den Menschen ein Zeichen gibt.

Ich wähle den Hut mit breiter Krempe und meine
verdeckten Augen schauen Jahrzehnte zurück
in die Tiefe der Seele.

Meine Lippen fühlen weiches Olivenöl, den Geschmack
des Thymians und gleich einem Traum gehe ich
auf den Staffeln des Bergdorfes zu der Tür, die
noch immer lilablau, gezimmert ist aus breiten Planken.

Der Poet, sein Gesicht braun wie Brot, weiche silberweiße
Fülle umweht sein Haupt und seine Augen,
ein Strahlen von Erkennen und Zärtlichkeit.
In seinem verwilderten Garten mit den einschläfernden
Düften, die tausend Erinnerungen träumen,
die weite Sprache seiner Arme, die
den wilden Geruch des Rosmarins wecken.

Er, im Abendlicht seines Lebens, die hellen Augen
in die Ferne gerichtet, spricht:
Die Weinrebe war noch jung und grün, noch nicht Wein,
aber den Poet verließ die Zeit,
er ging hinab zum Meer, vorbei an Zypressen und Geißblatt
auf der Suche nach einem neuen Ufer,
er träumte tropische Wünsche mit Ungeduld und
von der Milde der Liebesnächte.

Er, im Abendlicht seines Lebens spricht nun auch
vom schwarzen Weinstock im Dezemberregen.

Mit geweiteten Augen und sachter Gestik erklärt er mir
die Feinheiten der Französischen Sprache.
Französisch war Nahrung, mehr Leben.
Ich stopfte sie mir in den Mund und mir stieg das Herz
in die Augen, lauschte weiter der Helle seines Geistes

und seinen Erinnerungen von Nächten,
in denen man das Flüstern der Sterne hören konnte,
von einem Land, wo jeden Tag Sommer war
und die Gesichter der Frauen wie Blumen in der Sonne,
das Meer so tief und dunkelblau,
Nächte wütend blau und bestirnt.

So stand er am Fenster und sprach
von den Passatwinden seines Lebens.

Das Licht wurde müde. Es war schön,
in den ungeheuren Himmel zu blicken in den
die Abendwolken stürzten.

Heute ist an einem einzigen Tag viel Zeit vergangen, sagte er.

Le Castellet, im Juni 2018

Petra Rheinschmidt-Bender

56 Jahre

Pressereferentin

Petra Rheinschmidt-Bender

Geboren und aufgewachsen bin ich im Gernsbacher Ortsteil Scheuern in einer Familie, in der seit Generationen leidenschaftlich gesungen, gedichtet und Theater gespielt wird. Noch bevor ich schreiben konnte, liebte ich Geschichten und lernte Bilderbücher und Hörspiele auswendig. Seit ich des Schreibens mächtig bin, verfasse ich Texte, schreibe Tagebücher, Gedichte, Geschichten, Büttenreden, Jubiläums- und Traueransprachen. Seit 1993 bin ich aktives Mitglied im Schauspielensemble von ,theater im kurpark'. Außerdem male und reise ich gerne.

Nach der Ausbildung zur Rechtsanwaltsfachangestellten arbeitete ich rund 30 Jahre lang als Büroleiterin in verschiedenen Anwaltskanzleien, wo das Verfassen juristischer Texte zu meiner Arbeit gehörte. Daneben berichtete ich viele Jahre lang als freie Mitarbeiterin für den Lokalteil einer Tageszeitung über Kulturelles und Politisches aus unserer Region. Heute beschäftige ich mich als Mitarbeiterin der hiesigen städtischen Pressestelle hauptberuflich mit dem Texten und lege dabei großen Wert darauf, Inhalte verständlich wiederzugeben.

Privat schreibe ich am liebsten über persönliche Erinnerungen und Erfahrungen, gerne auch Geschichten in hiesiger Mundart. Einige davon wurden in dem Büchlein ,Luftschnapper, Simsedricker und ondere G'stalte' (Casimir Katz Verlag) veröffentlicht. Meine Kolumne ,Gernschbacher Gebabbel' erscheint regelmäßig im Gernsbacher Boten.

Ich bin verheiratet und lebe mit meinem Mann, zwei erwachsenen Töchtern und der Cane-Corso-Hündin Lila in Gernsbach-Staufenberg.

Petra Rheinschmidt-Bender

Murgtal-Rebellionen
Für's Lebe lerne – Teil I

Scheuern 1972

Es war brütend heiß, die Sonne knallte auf den Asphalt.

Zwei Mädchen, die eine etwa zehn Jahre alt, die andere mit der kessen Zahnlücke unverkennbar ABC-Schützin, liefen Hand in Hand die Straße entlang. Die Schwestern waren den ‚Scheiermer Buggel' hinuntergegangen, hatten in der Stadt die breite Straße vorschriftsmäßig am Zebrastreifen überquert, waren an der Murg entlangspaziert, vorbei an der Eisdiele, bei der sie auf dem Heimweg eine Kugel Erdbeereis holen würden, und waren immer weiter die Bleichstraße hinuntergegangen, vorbei am Bahnhof bis hinunter zur Papierfabrik, in der ihr Vater an einer Papiermaschine, einem sogenannten ‚Holländer' arbeitete. „Holländermüller", sagten sie stets, wenn sie nach dem Beruf des Vaters gefragt wurden, denn das klang einfach spannender als ‚Maschinenarbeiter'.

Endlich waren sie an ihrem Ziel. Verschwitzt, aber voller Vorfreude betraten sie die heiligen Hallen der Bibliothek, welche die Papierfabrik Schoeller & Hoesch für ihre Mitarbeiter und deren Familienangehörigen unterhielt. Zum allerersten Mal durfte die Kleine mit, denn endlich, endlich hatten sie in der Schule das komplette Alphabet durch, so dass sie in der Lage war, ein ganzes Buch zu lesen. In Schreibschrift zunächst nur, aber immerhin. Ehrfürchtig betrachtete sie die hohen Regale, vollgestellt mit Büchern aller Art, groß und dick oder klein und dünn, manche mit wunderschönen bunten Bildern von Tieren oder Landschaften oder auch mit abstrakten Abbildungen. Nur ein kleiner Abschnitt im Kinderbücherregal war für Erstleser reserviert, und dennoch konnte sich die junge Leserin nicht entscheiden. Gleich drei Bücher legte sie der freundlichen Dame vor, die mit ihrem kunstvollen blonden Dutt und dem hellen Kostüm aussah, wie die Frau aus der Werbung für Weichspüler. „Da hast du dir ja einiges vorgenommen", lächelte sie dem Kind zu.

Ganz schön erledigt waren die Mädchen, als sie den langen Weg auf der heißen, staubigen Straße vom nördlichen Ende Gernsbachs bis hoch nach Scheuern hinter sich gebracht hatten. Sogleich stürzten sie ein Glas von

Mamas selbstgemachtem Beerensirup mit Wasser hinunter. Dann nahm jede eines der neuen Leihbücher und jede kletterte auf einen der Obstbäume im Garten, um in luftiger Höhe in die Welt der Fantasie abzutauchen.

*

Das kleine Mädchen war ich. Von klein auf war ich wissbegierig und sobald ich es konnte, las ich alles, was ich in die Finger bekam. Recht schnell eroberte ich mir auch die Druckschriften und fortan war nichts Gedrucktes mehr vor mir sicher. Bald hatte ich alle Kinderbücher der Bibliothek gelesen, und auch der Vorrat meiner Schwester war schnell aufgebraucht. Mit neun Jahren begann ich mich mangels Alternativen in die Arzt- und Bergromane zu vertiefen, die meiner 90-jährigen Uroma als tägliche Lektüre dienten und deshalb in riesigen Massen vorhanden waren. Doch die ewigen Liebesdramen zwischen Schwestern und Ärzten oder Mägden und Großbauern gingen mir bald gehörig auf den Geist und ich ließ die Heftchen, wo sie waren – bei Oma in der Küchenbank. Nun widmete ich mich allen im Hause verfügbaren Zeitungen, Zeitschriften und Romanen, von „Den schönsten Sagen des Murgtals" bis hin zu „Doktor Schiwago", auch wenn ich noch nicht alles verstand.

*

Rückblick – Obertsrot, 1950
Ein elfjähriges Mädchen kauerte auf der Küchenbank. Vollkommen in ihr Buch vertieft, bemerkte sie nicht, dass ihre Mutter die Küche betrat, beladen mit der Ernte, die sie vom ‚Krumbieregrabe' mit nach Hause brachte. „Guck dir des faule Mensch o", lamentierte die große, stattliche Frau, „steckt d'Nos in ä Buch, statt dass se ebbes schaffe dät!" Die Kleine schreckte hoch. Sie wusste, dass ihre Mutter Lesen als Zeichen von Faulheit interpretierte und sie wollte der Mama keinen Kummer machen, denn davon hatte sie schon wahrlich genug. Als Kriegswitwe hatte sie es nicht leicht. Das letzte ihrer vier Kinder trug sie noch unter dem Herzen, als sie die Nachricht erhielt, dass ihr Mann im russischen Feld gefallen sei, ‚für Führer und Vaterland'.

Nachdem die Kleine die Volksschule beendet hatte, sorgte die Mutter dafür, dass sie ein Jahr lang die ‚Haushaltungsschule' in Heitersheim besuchen durfte – ein von strengen, katholischen Ordensschwestern geführtes

Haus, in dem junge Frauen alles lernten, was sie in den ihnen zugedachten Rollen als Hausfrauen und Mütter benötigen würden.

Mit 20 Jahren heiratete das Mädchen, welches mich später zur Welt bringen sollte, meinen Vater. Einige Jahre hatte sie als Schuhverkäuferin gearbeitet und eine Zeit lang schuftete sie ‚für d'Aussteuer' in einer Fabrik. Nach der Hochzeit waren berufliche Tätigkeiten für die Ehefrau in ihren Kreisen tabu, denn sie war ausschließlich für Haushalt und Kinder zuständig. Männer, deren Frauen arbeiten gingen, wurden in jener Zeit von ihren Kumpanen gefrotzelt: „Bringsch net gnug Geld hoim, dass dei Frau schaffe geh muss?" So etwas wollte mein Vater keinesfalls zu hören bekommen. Und meine Mutter war zufrieden, sie hatte sich ja auf ihre Rolle vorbereitet. Ihre bereits erworbenen Rentenansprüche ließ das Paar sich zugunsten erster gemeinsamer Anschaffungen ausbezahlen.

So war das damals. So machten das alle. Meine Oma war stolz: Ihr Mädel hatte den rechten Weg gefunden.

*

Scheuern, 1975

Als der Übertritt von der vierten in die fünfte Klasse anstand, suchte meine Klassenlehrerin das Gespräch mit meiner Mutter. „Ihre Tochter gehört zu den Klassenbesten, sie sollte künftig das Gymnasium besuchen", warb die Klassenlehrerin für einen höheren Bildungsweg. Bildung für ihre Mädchen, ja, das wollte meine Mutter schon. Aber warum gleich abheben. Ein gesunder Mittelweg tat es aus ihrer Sicht vollkommen: einen anständigen Beruf lernen, einen anständigen Mann heiraten, Kochen und Haushalten lernen und Kinder großziehen – ein guter Lebensplan für ihre Töchter. Und dazu braucht man kein Abitur.

Rigoros lehnte meine Mutter den Vorschlag der Grundschullehrerin ab: „Des kommt überhaupt net in Frog, womöglich kommt se net mit und sie bleibt hocke, und was dätet donn d'Nochbar sage?" Ihre ältere Tochter besuchte die Realschule, darauf war sie sehr stolz, und die Jüngere sollte es ihr gleichtun. „Gymnasium – des isch bloss ebbes für die Bürschle von reiche Eldern", sagten meine Eltern. Mein Einwand, dass das doch gar nichts kosten würde, wurde vom Tisch gefegt. „Jetzt koscht des noch nix, aber später dätsch womeglich noch schdudiere welle, und des dät schu ä Stong Geld koschde", so ihr Argument. Ich stellte die Entscheidung nicht in Frage, ich sah ja selbst, dass aus meiner Grundschulklasse vor allem die Kinder der Ärzte, Architekten und Unternehmer das Gymnasium besuchten.

*

Gernsbach, 1975 – 1981

Es gefiel mir gut in der Realschule, besonders Deutsch und Englisch hatten es mir angetan, und als Französisch als Wahlfach angeboten wurde, besuchte ich auch diese Stunden mit Begeisterung. Meine Eltern waren stolz auf mich: Die Lehrer äußerten sich lobend, und meine Zeugnisse waren gut, auch wenn mein Vater jede gute Note kommentierte mit: „Des hasch du gut gemacht. Aber jetzt net uff de Lorbeere ausruhe!"

Fielen die Zensuren einmal nicht so blendend aus, bekam ich zu hören: „Du musch besser uff de Hosebode hocke. Schließlich lernsch du für's Lebe, net für uns."

Kurz vor dem Schulabschluss bestellte mein Klassenlehrer meine Eltern ein, um ihnen eine weitere schulische Ausbildung auf einem Gymnasium für mich zu empfehlen. „Noi, do isch nix zu mache, was soll denn do hinterher noch komme? Donn will des Fräulein womöglich noch schdudiere, und wer soll des bezahle? Außerdem heirat sie jo eh mol, ä Abitur – des lohnt sich doch gar net für ä Mädel." Der Lehrer versuchte, meine Eltern umzustimmen, aber sie waren der Meinung: „Solche Höheflüg basset net in ä Arbeiterfamilie un do demit baschda."

Und so kam es, dass ich nach der Mittleren Reife eine Ausbildung durchlief und ab meinem 18. Lebensjahr fest im Berufsleben stand. Schließlich hab ich ja ‚für's Lebe glernt'.

Für's Lebe lerne – Teil II

Gernsbach, 1979

Was Schulbildung und Berufswahl anging, verhielt ich mich also brav und angepasst. Meine Rebellion fand in der Freizeit statt. Etwa ab der achten Klasse rannte ich jeden Nachmittag förmlich nach Gernsbach ans ,Rizz', also dem Platz vor der Eisdiele Rizzardini, der den Gernsbacher Jugendlichen als Treffpunkt diente.

Die meisten von ihnen besuchten die Haupt- oder Realschule oder absolvierten gerade eine Lehre als Bürokauffrau, Stenotypistin, Friseurin, Schlosser, Maler, Werkzeugmacher oder Kfz-Mechaniker. Ich war 14 und fühlte mich besonders cool, wir rauchten Zigaretten, bis uns schwindlig wurde, wir verbrachten die Nachmittage bei ,Herbert', der ,Bayerischen Bier- und Imbissstube', die Pommes, Spielautomaten, eine veraltete Jukebox und ein schrulliges Wirtsehepaar zu bieten hatte, oder nebenan im ,Bierbrunnen', wo es die neuesten Flipperautomaten und zudem lässige Hotdogs gab. Und wir testeten die Wirkung aufs andere Geschlecht, knutschten rum, tasteten uns vor auf der zwischenmenschlichen Ebene, ,gingen' mit Jungs, machten wieder ,Schluss' oder sie mit uns, wir übten uns in dummen Sprüchen, lachten, heulten, fluchten und suchten – was auch immer. Dort lernte ich also auch ,für's Lebe'.

*

In dieser Zeit richteten sich eigentlich alle Jugendlichen nach einem ungeschriebenen ,Klamottengesetz': Man trug Jeans, am besten von Wrangler oder Levi's, T-Shirt und Jeansjacke, in der kühleren Jahreszeit einen Parka im Bundeswehrlook. Und bei Mädels waren Männerklamotten angesagt, etwa die karierten, überlangen Holzfällerhemden.

Wenn ich morgens aufstand, ging ich meistens zum Schrank meines Vaters und zog irgendeines seiner Hemden an. Die waren mir natürlich viel zu groß, oversized also, auch wenn man das damals noch nicht so nannte.

Besonders liebte ich den dunkelblauen Strickpulli meines Vaters, einen warmen Troyer mit hohem Kragen und langem Reißverschluss. Da er das Teil nur ,zum Holzmache' und damit nur einmal im Jahr trug, war ich sicher, dass er es nicht vermissen würde und lagerte es daher gleich bei mir ein.

Das Gefluche, wenn er ein Kleidungsstück in seinem Schrank suchte und nicht fand, hörte ich zum Glück nie – ich war ja in der Schule oder am Rizz.

Den größten Ärger handelte ich mir aber ein, als ich seinen schwarzen Trenchcoat trug. Ich fand, dass er mich obercool aussehen ließ, so ein Teil hatte niemand von den anderen! Mein Vater trug diesen Mantel ausschließlich zu Beerdigungen.

Als Vereinsvorstand hielt er oft Ansprachen bei Trauerfeiern, und dazu musste er natürlich ‚sauber dosteh‘, wie er das nannte.

Eines Tages also musste er zu einer Trauerfeier und konnte seinen Mantel nicht finden. „Den Mondel hat sich dei Fräulein Dochder mol widder ausgliehe“, petzte meine Mutter. Oje, jetzt verstand Papa keinen Spaß mehr. Voller Wut rannte er ans Rizz, wo ich – lässig mit einer Kippe in der Hand – mit den anderen abhing.

Zu spät sah ich meinen Vater kommen. Stumm machten ihm die anderen Platz, standen regelrecht Spalier. Sie sahen dem kleinen, aber drahtigen, vor Wut schnaubenden Mann an, dass jetzt der falsche Zeitpunkt für blöde Sprüche wäre.

In meinem Kopf dröhnte eine Melodie: Mundharmonikaklänge, E-Gitarren, dann Glocken – die Filmmusik aus „Spiel mir das Lied vom Tod“…

Mein sonst so lieber, lustiger und verständnisvoller Dad – ein militanter Nichtraucher – blickte zuerst mit Todesverachtung auf die Zigarette, die ich vor Schreck zu Boden geworfen hatte und die nun unter meinem Schuh hervorqualmte, dann herrschte er mich an: „Gib den Mondel her, ich muss uff ä Beerdigung.“ Oje, ich wusste, was geschlagen hatte! Ich zog den Mantel aus und er drückte mir meinen oberhässlichen alten roten Wanderanorak in die Hand. Wie peinlich! Dann drehte er sich wortlos um und stapfte davon. Erst als er weg war, trauten die anderen sich, mir ins Gesicht zu feixen. Das war dann auch schon egal. Mit schlechtem Gewissen stiefelte ich später heim und bekam eine Riesenmoralpredigt und die schlimmste aller Strafen: drei Tage Rizzverbot!

Überflüssig zu erwähnen, dass ich den ‚Beerdigungsmondel‘ nie wieder trug.

*

Children Of The Revolution
Besonders in Erinnerung geblieben sind mir aus jener Zeit die Open-Air-Konzerte im Gernsbacher Kurpark, die das Juze organisiert hatte. Coole Jungs – seltener auch Mädels – mit langen Haaren und bunten Klamotten spielten in Bandformationen mit fantasievollen Namen psychedelische Musik im Stil von Pink Floyd oder coverten rockige Songs wie ‚Children Of The Revolution' von T. Rex.

Wir kannten so etwas nur aus dem Fernsehen und waren fasziniert. Ganz nach dem Vorbild des legendären ‚Woodstock-Festivals' tanzten die Jugendlichen aus dem ganzen Murgtal wild und ungehemmt, lagen oder saßen auf den Wiesen, schwiegen, quatschten, lachten, knutschten, tranken, rauchten oder kifften.

Natürlich hatte ich mich mit meinen 14 Jahren zu diesem Anlass so cool wie möglich gestylt. Ich trug eine knapp unter dem Po abgeschnittene, ausgefranste Jeans, ein selbst gebatiktes T-Shirt und keine Schuhe. Zur Erhöhung des Coolnessfaktors trug ich die Uhr, die mir meine Patentante zum Geburtstag geschenkt hatte, als Fußkette, indem ich die Uhr von ihrem Lederarmband abtrennte und dieses durch eine Wildlederschnur ersetzte. Das so neu gestaltete Schmuckstück knotete ich um den linken Fußknöchel – das sah wirklich sehr hip aus. Überflüssig zu erwähnen, dass sich der Knoten beim Hüpfen und Tanzen unbemerkt gelöst haben musste, denn als ich heimkam, trug ich keine Uhr mehr am Fußgelenk.

Irgendeiner der Älteren drückte mir eine Flasche Pastis in die Hand und ich, die im Leben noch nie Schnaps getrunken hatte, fand Gefallen an dem Getränk, das scharf und süß zugleich schmeckte. Ich trank die Flasche einfach leer. Danach war ich so betrunken, dass ich den Rest des Konzerts zur Ausnüchterung im Rot-Kreuz-Zelt verbringen musste, bevor man mich nach Hause brachte.

Als meine Mutter mich so sah, rief sie empört: „Um Gotts Wille, und des als Konfirmondin!"

Es war meine erste Begegnung mit Alkohol – und am nächsten Tag ging es mir so schlecht, dass es für lange Zeit auch meine letzte war.

*

Die meisten aus meiner Clique fuhren Mopeds oder – je nach Alter – Mofas. Auch ich hätte mir gerne ein Mofa angeschafft, hatte ich doch zur Konfirmation genug Geld geschenkt bekommen, dass es für ein gebrauchtes Modell gereicht hätte. Aber die Eltern blockierten: „Horchemol, was glaubsch, wo du umenonderfliege dätsch, lass du's bleibe. Du hasch doch Fieß bis uff de Bodde!" Damit war das Thema für sie erledigt.

Schon immer waren meine Eltern sehr auf Sicherheit bedacht und grundsätzlich dagegen, wenn ich Rollschuhe, Schlittschuhe oder Fahrrad fahren wollte. „Du bisch doch eh so en Schussel", war ihr Argument. Ja, das stimmte schon, als Kind stolperte ich öfters und manchmal fiel ich hin, einfach weil ich nicht auf meinen Weg achtete. Wenn ich dann weinte, hieß es: „Net plärre, uffsteh un' dapfer weiderlaufe."

Da ich also kein Mofa kaufen durfte, setzte ich mich halt weiterhin als Sozia – damals noch ohne Helm – auf die Mopeds oder Motorräder der Kumpels, oder ich legte mich bei meiner Freundin ins Mofa – rittlings, mit dem Rücken an den Tank gelehnt, die Beine über dem Gepäckträger gekreuzt, so fuhren wir beide durch das Murgtal, einmal sogar bis hoch zur Schwarzenbachtalsperre, weil ich unbedingt mitkommen wollte zum Baden. Tapfer balancierte sie das Mofa aus und ermahnte mich immer wieder: „Zappel doch net so rum!"

Einmal fuhren wir auf diese Weise nach Scheuern hoch, während meine Oma den ‚Scheuerner Buckel' hinablief. „Oh, deine Oma, jetzt kriegst du bestimmt Ärger", rief meine Freundin, aber ich kommentierte das nur mit „Die kennt mich net, mei Oma sieht doch schlecht."

Da hatte ich die Rechnung aber ohne den Wirt gemacht – meine Oma klagte zwar oft, dass sie halt so gar nicht mehr gut sehe, aber DAS hatte sie gesehen und direkt meinen Eltern verpetzt, und als ich heimkam, bekam ich natürlich großen Ärger.

Als wir am nächsten Tag zusammen wegfuhren, achtete ich sehr darauf, niemandem aus meiner Familie zu begegnen…

Zwischenbilanz

Scheuern 1989

Mit den Jahren hatte ich gelernt, Arbeits- und Privatleben so zu trennen, dass ich ein ordentliches Berufsleben führte, um meinen Lebensunterhalt zu verdienen, und parallel dazu meine kleinen Freiheiten in der Freizeit ausleben konnte.

Mit den Jungs aus der Clique und später mit meinem Freund fuhr ich – wenn auch weiterhin nur als Sozia auf dem Motorrad – an den Wochenenden auf Motorradtreffen oder Feste in der Nähe, im Urlaub durch halb Europa.

Mit meinem bescheidenen Lohn konnte ich mir eine kleine Wohnung mieten und ein eigenes, wenn auch altes, anfälliges Auto leisten. Was wollte ich schon mehr?

Update

Staufenberg, 2020

Jahrzehnte liegen zwischen diesen Zeiten und heute. Wie meine Eltern es vorausgesagt hatten, habe ich geheiratet und zwei Kinder auf die Welt gebracht – zwei Mädchen, die zwischenzeitlich beide die Hochschulreife erlangt haben. Und auch beruflich habe ich den für mich richtigen Weg gefunden.

Noch immer suche ich mir meine Alltagsfluchten. So gehe ich, wann immer es mir möglich ist, auf Reisen, manchmal – wenn inzwischen auch sehr viel seltener – immer noch als Sozia auf dem Motorrad. Gerne tauche ich lesend, schreibend und malend in andere Welten ab. Und nachdem mein Bruder mich vor rund dreißig Jahren mit seiner Liebe zur Bühne infiziert hat, spiele ich seither regelmäßig und mit großer Begeisterung Theater. Am liebsten schlüpfe ich dabei in die Rollen der Außenseiter – immer wieder tolle Gelegenheiten, die kleine Rebellin in mir auszuleben.

Nachtrag

Gernsbach 2020

Meine Mutter ist heute über 80 Jahre alt. Alters- und krankheitsbedingt ist ihr Bewegungsradius zwar eingeschränkt, dafür verschafft ihr ihre Leseleidenschaft aber täglich vergnügliche Stunden.

„Endlich hab ich Zeit und kann lesen, so viel ich will", schwärmte sie neulich. „Wenn das meine Mutter wüsste." Auch eine Art kleine Rebellion.

Margarete Schick

82 Jahre

Redakteurin, Protokollantin

Margarete Schick

Schon früh übte das Buch eine große Faszination auf mich aus. Beim Spielen auf dem Parkettboden des heute Denkmal geschützten Pfarrhauses in Reutlingen-Degerschlacht bat mich meine, einer fünfköpfigen Kinderschar alleine vorstehende Mutter, die Tür zum Nebenraum zu schließen. Wie ein Feldpostbrief an meinen als Sanitätssoldat in Italien weilenden Vater belegt, soll ich die Erfüllung ihrer Bitte erst nach ausgiebiger Buchbetrachtung zugesagt, und – nach wiederholter Aufforderung – auf die bereits erteilte Antwort, mit dem Zeigefinger auf das Cover tippend, verwiesen haben.

Aber schon gegen Ende des brutalen Krieges war es Büchern in unserem Haus an den Kragen gegangen. Aufgrund Papiermangels hatten wir in Familienarbeit Blatt um Blatt der Schmöker meist christlichem Inhalts aus den Gebinden herausreißen müssen – als Ersatz für fehlende Klopapierrollen. Wobei die Bücher der Pfarramtsbibliothek, die mit dem Stempel „Lieber Leser schone dieses Buch" versehen waren, von der widerlichen Umnutzung verschont geblieben waren!

Meine berufliche Tätigkeit begann ich mit 20 in einem Tübinger Verlag als Buchherstellungs-Assistentin. Es oblag mir, die Manuskripte von berühmten Autoren wie Theodor Heuss und Friedrich Sieburg zeitnah einzufordern, den Buchumfang zu berechnen und den Preis zu kalkulieren.

Meine Affinität zu Büchern scheint hinreichend belegt zu sein. Ich freue mich, in diesem Buch mit einer meiner Geschichten über Frauenzimmer vertreten zu sein.

Margarete Schick

Tante Winke-Winke

Es ist Sonntag um elf Uhr, als mich die Aufsichtsperson des Heims, eine hoch gewachsene und schlanke Dame, an der Eingangstür des Altenheimes in der Maria-Viktoria-Straße 8 in Empfang nimmt und in den zweiten Stock zum Zimmer mit der Nummer 24 führt. In gespielter Fürsorge legt sie ihr Ohr an das hölzerne Tür-Blatt, bevor sie mit dem Knöchel ihres rechten Zeigefingers an das Holz klopft und nach einer kleinen Weile die Tür aufstößt und ihre Blicke in emsiger Sorgfalt im wenig aufgeräumten Zimmer geschäftig kreisen lässt. Die Dame von der Heimaufsicht entsendet der greisen Bewohnerin sodann einen herrischen Gruß und stellt mich, ihre stumme Gefolgschaft, als „Frau von der Presse" vor. Während dieser Bemerkungen hält sie sich an der Türklinke fest, ohne ihre Körperhaltung zu verändern und ohne die Schärfe ihres Blickes zurückzunehmen.

An den unordentlich im Zimmer herumstehenden Gegenständen scheint sie keinen Anstoß zu nehmen, auch das gegen die Chaiselongue gelehnte gerahmte Wandbild und den auf der Liege ruhenden Spiegel scheint sie nicht wahrzunehmen.

Als die Tür ins Schloss fällt, bemüht sich die Bewohnerin des nicht aufgeräumten Zimmers um eine freundliche Beurteilung der Inspektorin:
„Sie ist groß!", sagt sie.

Ein freier Stuhl ist schnell herbei gezogen, ich setze mich auf das abgenutzte Polster und lasse den Stenoblock von einem Knie auf das andere wandern, bevor ich die erste Frage an die Frau, um die seit einundvierzig Stunden meine Gedanken kreisen und die am Ende der Chaiselongue artig wie ein Kind Platz genommen hat, zu richten wage.

Da Tante Winke-Winke ihren langen Rock hochgeschoben hat, fallen meine Blicke auf ihre entblößten Knie.
„Warum nennt man Sie Tante Winke-Winke?", lautet meine erste Frage.
„Ich will es Ihnen sagen", entgegnet die Seniorin mit atemberaubender Präsenz „die kleinen Kinder von vier und fünf Jahren haben mir damals

zugewinkt, als ich 1944 nach Baden-Baden kam und bei Kriegsende zwischen den Trümmern den Mut hatte, nette Hütchen und Käppchen aufzusetzen. Das reizte die Kleinen und sie haben winke-winke gemacht. Das hat sich herauskristallisiert. Das ist so gekommen. Aber das ist lange her. Da war ich noch sehr jung und hatte kleine, kecke Hütchen auf!"

„Sie tragen auch heute noch gerne bunte Kleider und kecke Hütchen?"

„Das steht mir besser!", erklärt die Frau und setzt ein Zirkuslächeln auf. „In Schwarz", fährt sie fort, „sehe ich so traurig aus. Farbige Sachen sind freundlich. Sie machen freundliche Gedanken. – Zuletzt habe ich in der Schlossergasse ein großes Zimmer gehabt."

Nach einer Weile, als ich die Worte silbengetreu auf das holzhaltige Papier meines Stenoblocks übertragen habe, glaubt sie mir die Gründe für ihren Wohnungswechsel schuldig zu sein.

„In der Schlossergasse brauchten sie das Zimmer notwendig!

Ich habe lange gesucht und nichts gefunden. Herr Vogt vom Städtischen Sozialamt schlug mir vor, im Marthahaus anzufragen. Seit 1. Februar 1982 bin ich hier. Es ist ein kleines Reich. Und ich habe Bücher."

Sie gehe jeden Tag in den Lesesaal im Haus des Kurgastes. Jeden Tag zu den Badener Blättchen.

„Da ist es so schön warm im Winter! Und die Allee, nur zwei Schritte entfernt!"

Sie spiele nicht nur Klavier bei den Veranstaltungen des Altenwerks „Offene Tür", sondern sie habe auch einen kleinen Gedichtband mit dem Titel „Herzglocken" herausgegeben.

„Und dichte immer noch", fügt sie eilends hinzu, als gelte es den unausgesprochenen Verdacht, mit dem Reimen nichts mehr am Hut zu haben, auszuräumen.

Die Fortsetzung des Verse Schmiedens als immaterieller Dank an das Schicksal?

Ihre einzige, in Kent/England lebende Tochter, fällt ihr im Zusammenhang mit den fehlenden regelmäßigen Einkünften prompt ein.

„Die könnte mir helfen", sagt sie. Aber es sei schrecklich, von seinem Kind Geld annehmen zu müssen, hadert sie mit dem Schicksal. Viel lieber sähe sie es, wenn Sylvia echten englischen Tee auf die Reise nach Baden-Baden schicken würde.

Sie zählt auf, wo überall sie in Baden-Baden schon gewohnt und immer das Glück gehabt hatte, ein nettes Zimmer zu haben: Vor ihrer letzten Bleibe in der Schlossergasse waren dies: die Fremersbergstraße, die Lichtentaler Straße, die Hildasstraße, die Bismarckstraße und die Scheibenstraße.

In ihrem eindrucksvollen Statement spart sie keine Straße aus, auf die sie in schöner Regelmäßigkeit ihre Stöckelschuhe und ihr Glück gesetzt hatte. Und dass sie derzeit noch zwei Schüler in Sprachen unterrichten dürfe, will sie ebenfalls vermitteln.

„Von dem Verdienst könnte ich essen, aber nicht leben!", teilt sie mit. Aber sie habe netterweise das Sozialamt.

„Ich bin beruhigt, dass die einmal alles kriegen!", fügt sie hinzu.

„Ich fühle mich wie eine Fünfzigerin", beteuert sie wenig später tapfer lächelnd, lässt den Rocksaum wieder über ihre Knie fallen, erhebt sich von der Chaiselongue und berührt die Möbel ihres neuen Refugiums mit den Fingerspitzen, als könnten diese dadurch aufgewertet werden.

Um den Rahmen des über ihrem Bett aufgehängten Van-Gogh-Lichtdrucks antippen zu können, muss sie sich auf die Zehenspitzen stellen. Gleich einer Balletteuse gelingt ihr dieses Kunststück bravourös, wenngleich ihr Körper dabei unversehens zu zittern beginnt. Der braunstichigen Fotografie ihres Vaters, Werner von Waldenfels, eines Generalmajors der Kavallerie, winkt sie im Vorbeigehen zu. Zwei auf dem Fenstersims stehende Blumenstöckchen, ein bis zu seiner Arretierung auf der Couch zwischengelagerter Spiegel sind weitere Orte von Tante Winke-Winkes Liebkosungen.

Sie beugt sich zum Sideboard hinunter. Dort müsste ihr Gedicht-Bändchen zwischen Broschüren und Briefen vergraben sein. Sie kniet nieder, stöbert lange, findet das Gesuchte nicht.

„Solange ich im Wesen jung bleibe", philosophiert sie, noch immer auf Knien, „spielt das wirkliche Alter keine Rolle". Dann nennt sie es doch, wenn auch zögernd: „Achtzig!" Wenig später zeigt sie mir arglos ihren früheren englischen Pass, zwischen dessen Blättern Geldscheine stecken und der das wirkliche Alter verrät! Ein paar Jahre älter ist sie schon!

In Großbritannien lernte die Lebenskünstlerin die englische Sprache, heiratete einen Engländer, einen Fabrikanten, mit dem sie in Hilden bei Düsseldorf glückliche Jahre verbrachte und von dem sie dann geschieden wurde. Aus dieser Ehe stammt die einzige Tochter Sylvia.

Vera von Waldenfels kennt kein Generationenproblem. Kommen die ersten Maitage, ist sie nicht mehr zu halten.

Im Hardbergbad (und winters natürlich im Bertholdbad) ist sie als Stammgast bekannt. Vom Fünf-Meter-Turm wagt sie regelmäßig den Sprung ins kalte Wasser, in der rechten Hand den Sonnenschirm.

„Als ich noch ganz jung war, wagte ich es noch vom Zehn-Meter-Turm in die Fluten." „Das Hineinspringen", bekennt sie, „ist das Schönste!"

Sie liebt das Ballspielen mit Kindern und das gemeinsame Seilspringen. Sie stimmt die Lieder an und die Jungen fallen in die Kehrreime ein.

„Vor dem Krieg", lässt sie mich ergänzend wissen „war ich in einem Kinderhort beschäftigt. Vielleicht habe ich die Kunst, mit Kindern umzugehen, seit jener Zeit ein bisschen beibehalten!"

Seit 1974 ist sie Sozialhilfeempfängerin. Als Vegetarierin ist sie anspruchslos, bescheiden und äußerst sparsam, wie sie beteuert, die platinblonden Locken sanft schüttelnd. Einmal wöchentlich setzt sie sich im Altenwerk „Offene Tür" ans Klavier und spielt Unterhaltungsmusik: Melodien aus Operetten und Volkslieder.

Sie ist stolze Besitzerin einer Jahreskarte für Kurkonzerte und für das Lesezimmer im Haus des Kurgastes. Sie spielt Tischtennis („Darf ich Sie einladen?") und Billard. Fürs Theater rüstet sie sich ein Mal im Monat. Eine treue Seele ermöglicht ihr dieses Vergnügen durch eine verbilligte Karte.

„Es wäre doch schrecklich, wenn die Schauspieler vor leeren Rängen spielen müssten!", folgert Vera von Waldenfels nüchtern und schaut mich liebevoll an.

Lobende Worte findet die Altenheimbewohnerin für das Städtische Sozialamt, das ihr insbesondere bei der Wohnungssuche, die auch in dem aktuellen Fall lange erfolglos geblieben sei, geholfen hat. Sie bringt den Angestellten des Rathauses zuweilen Schokolade und Blumen mit. Jedem anderen Besucher muss die Behörde das ausschlagen. Bei Tante Winke-Winke bringt niemand es übers Herz, Nein zu sagen. Sie ist unbeschreiblich freundlich.

Um ihre Nase flirren rosarote Puderreste, der himbeerrote Lippenstift weicht von den natürlichen Konturen der blassen Lippen stark ab. Es ist fraglich, ob die smaragdgrüne Plastikmuschelkette zum lachsfarbenen Synthetik-Kleid passt. Aber Tante Winke-Winke ist eine Einheit. Ihr beständiger Blick, ihr Zirkuslächeln, das man nie vergisst, ihre helle Stimme, machen alles wett.

Als ich gehe, sucht sie den Schlüssel zu ihrem Schrank. „Sie müssen ja denken, dass ich eine unordentliche Person bin", sagt sie zum Abschied. Und die kupferroten Pfennige, die verstreut am Boden liegen, scheinen dies zu bestätigen. Aber diese Unordnung bringt mein Urteil über die Frau, die eines der schlicht eingerichteten Wohnzimmer im Altenheim „Marthahaus" zu ihrem Reich erklärt hat, überhaupt nicht ins Wanken.

Tante Winke-Winke ist der unangefochtene Star dieses Zimmers.

Ich würde gerne Szenenapplaus geben. Szenenapplaus für diese Frau auf der Bühne des Lebens.

Claudia Seiert

54 Jahre

Krankenschwester

Claudia Seiert

Die Lust am Schreiben

Wer ist schon perfekt? Ich wäre gerne schlank! Und klug und schön. Und gebildet. Und weltgewandt, dynamisch, eloquent, schlagfertig. Ach, es gibt so viele Eigenschaften, die mir erstrebenswert erscheinen. Leider muss ich mich aber, zumindest größtenteils, mit dem zufrieden geben, was meine genetische Erbmasse für mich bereithält. Mit zunehmendem Alter fällt mir dies tatsächlich immer leichter. Ich werde nachsichtiger mit mir selbst, begreife endlich, dass ich nicht aus dem Stehgreif 365 mit 965 multiplizieren können muss. Zugegeben, toll wäre das schon. Mein Mathematiklehrer von damals würde mich vermutlich ungläubig anstarren. Oder lächelnd nicken und „gut gemacht" murmeln.
So wie mein Deutschlehrer es üblicherweise tat.

Wenn ich darüber nachdenke war es genau dieses sanfte freundliche Lob meines damaligen Lehrers, das ich, samt meines jugendlich dürftigen Selbstwert-Pflänzleins benötigte, um ins Leben einzuwurzeln. Mit einer Mischung aus Respekt, väterlichem Wohlwollen und Spitzbübigkeit erreichte, begleitete und förderte mich der Pädagoge und Mensch viele Jahre. Vielleicht war sein Urteil bezüglich meiner Leistungen nicht immer objektiv, aber er mochte, was ich schrieb und hat die Lust am Schreiben in mir geweckt. Sie ist mir bis heute erhalten geblieben. Glücklicherweise fragte sie über die Jahre hinweg nicht nach Schlankheit, Klugheit oder Schönheit. Sie gedieh einfach und blühte auf, wenn ich ihr einen Stift und ein leeres Blatt Papier anbot.

Übrigens: 365 x 965 ergibt 352.225, sagt mein Taschenrechner.

Claudia Seiert

Windsacknachmittag

September 2020

Schlaff und formlos wie ein Windsack kam er daher, dieser Nachmittag. Behäbig. Gemütlich. Beschaulich. Nichts verriet das Potenzial, das in ihm brodelte. Eine unschuldige Brise, ein kleiner Windstoß konnte genügen, um den laschen Beutel in einen zuckenden, sich windenden Gnom zu verwandeln. Hineinfahren, schütteln, zerren und wieder hinausfegen, als sei nichts gewesen. Diese Art Nachmittage kündigen sich nicht an. Sie fallen über dich her. Und erst hinterher, wenn in Herz und Seele wieder Windstille eingekehrt ist, bemerkst du, dass es einer dieser Sorte war.

Gedankenverloren wischte ich über das Display meines Handys. An einem Bild aus den ersten Lebenswochen unseres Labradors blieb ich hängen.
Ein Bild von mir, in Jeans und Strickjacke, wie ich glücklich in die Kamera strahlte und unser neues vierbeiniges Familienmitglied fest an mich drückte.
Eine reife Frau. Ein junger Hund und eine Strickjacke.
   Der Gedanke an ein anderes Foto, das ich früher oft betrachtet hatte, kam mir unerwartet in den Sinn. Wo es wohl steckte?
   Im Bücherregal fand ich nach kurzem Suchen das richtige Album. Die losen Seiten hielten dank des rustikalen Leineneinbands noch gerade so zusammen. Jedes Blatt war von einer dünnen brüchigen Klebefolie umhüllt, die beim Umschlagen quietschende Geräusche machte.
   Ich blätterte bis zur fünfzehnten Seite. Oben links hatte jemand mit Kugelschreiber „Viel Spass mit Harro" darauf geschrieben und darunter, etwas kleiner, „Frühling 1973".
   Verblassende Farben, vergilbtes Papier in Wolkenform geschnitten, da war es, das Foto, nach dem ich gesucht hatte, eine kostbare, glückliche und zugleich schmerzhafte Erinnerung an eine starke, ganz besondere Frau. Ebenfalls mit einer Strickjacke bekleidet, hielt auch sie einen jungen Hund in den Armen. Meine Mutter, in einem anderen, früheren, längst vergangenen Leben. Ich starrte auf das nächste Bild, die Aufnahme eines kleinen Mädchens.

Frühling 1973. Lichtental

Paulina war ein artiges Kind. Artig zu sein war wichtig. Das sagten alle. Mama, Papa, die Keller-Oma, Oma Helene, Onkel Egon, Onkel Albert, Tante Lilo. Alle. Sogar Max sagte das. Aber Paulina wusste, dass ihr kleiner Bruder mit seinen knapp drei Jahren noch keine Ahnung vom Artig-Sein hatte, er plapperte nur nach, was die anderen sagten. Mama hatte ihr erklärt, dass Max viele Dinge noch nicht verstand und noch sehr viel lernen musste. Deshalb war es wichtig, verständnisvoll und umsichtig mit ihm umzugehen.

Umsichtig, phh, insgeheim dachte Paulina, dass unsichtig wohl das bessere Wort wäre. Oder nichtsichtig! Ja genau, nichtsichtig, das passte noch besser. So wie ihr Papa, der eigentlich immer alles sah, auch Dinge, die sich ereigneten, wenn er gar nicht zu Hause war. Paulina konnte sich nicht erklären, wie er das machte, sie vermutete, dass er über geheime Zauberkräfte verfügen musste. Über alles, was Paulina falsch machte, wenn sie unartig gewesen war, ungezogen oder ungeschickt, wusste er Bescheid. Und spätestens bei der nächsten gemeinsamen Mahlzeit stellte er sie wegen ihrer Verfehlungen dann gewöhnlich auch zur Rede. An manchen Tagen hatte Paulina schon vor dem Essen keinen Appetit mehr.

Allerdings funktionierte Papas Zauberkraft nicht immer. Die meisten Patzer, die zum Beispiel Max unterliefen, entdeckte er aus unerfindlichen Gründen nicht. Er war nicht blind, nein, mit seinen Augen war alles bestens, er trug nicht einmal eine Brille. Es musste also irgendeinen anderen Grund für Papas Nichtsichtigkeit geben, nur hatte Paulina den noch nicht herausgefunden. Es war zum Verrücktwerden.

Paulina war nicht die einzige, die unter akribischer Beobachtung stand. Harro erging es nicht viel besser. Immer noch nicht stubenrein sei er, nicht selbstbewusst, keine Disziplin, kein Gehorsam, das waren die gängigsten Vorwürfe, die der kleine Schäferhund zu hören bekam. Außerdem sei er das Geld nicht wert, das Papa für ihn hatte hinlegen müssen. Nicht mal seine Ohren könnte er aufstellen und deshalb musste man sich allmählich fragen, ob man ihn nicht besser an den Züchter zurückgeben sollte. Bei der Vorstellung, Harro wieder hergeben zu müssen, verschmolzen Paulinas

Bauchorgane zu einem schmerzhaften, schweren Klumpen. Das durfte nie nie nie geschehen! Harro war ihr Freund, ihr Vertrauter. Wenn sie traurig war, flüchtete sie sich immer zu ihm. Eng an ihn geschmiegt, ihre Hände tief in seinem Fell vergraben, geschah mit ihr etwas Magisches. Sie sog die Hitze des Tieres, seinen Duft und seinen Atem in sich hinein, bis ganz tief hinunter in ihren Bauch, ließ diesen warmen Strom durch sich hindurchfluten und füllte ihr Inneres damit. Es dauerte nicht lange, dann lösten sich die bösen Trauerklumpen auf wie Schneebälle und verschwanden.

Paulina fragte sich, ob ihre Eltern für sie und ihren Bruder auch Geld hatten bezahlen müssen und ob sie sie wohl zurückgeben würden, wenn sie nicht artig genug wären. Das war eine schlimme Vorstellung, aber sie glaubte nicht so richtig daran. Denn auch wenn Max immer noch ab und zu in die Hosen machte und nicht artig war, ihn würden ihre Eltern nie mehr hergeben, da war Paulina sich sicher. Alle hatten ihn sehr lieb.

Nächsten Monat wurde Max drei, dann erlaubten sie ihm sogar in den Kindergarten zu gehen. Und das Allerbeste daran war, dass Paulina mitgehen durfte. Endlich. Das wünschte sie sich schon so lange. Sie war unglaublich neugierig auf all die anderen Kinder, die sie dort treffen würden und fragte sich, ob wohl das ein oder andere darunter war, das sie ebenso umsorgen konnte wie ihren kleinen Maxl.

Auch für die Keller-Oma freute sich Paulina. Sie hatte dann endlich nicht mehr so viel Arbeit mit Max und ihr. Das war gut! Dann konnte sie in Ruhe Zeitung lesen, ihre geliebten Schallplatten anhören oder sich einfach ausruhen, wenn ihr danach war.

Vielleicht sollte sie aber doch besser zu Hause bei Oma bleiben. Denn wer, fragte sich Paulina, würde, wenn sie im Kindergarten war, in den Garten laufen, um Kräuter zu holen oder Kartoffeln aus dem Schuppen oder Wäsche abhängen und all die anderen Aufgaben erledigen, die Paulina ihrer Großmutter bisher immer abgenommen hatte?

Die Keller-Oma gehörte schließlich schon zu den alten Herrschaften, oder sagte man Damschaften? Sie war schon über 50. Vielleicht sogar über 60, ganz genau wusste Paulina es nicht. Auf jeden Fall schon sehr alt. Omas Haare hatten vom vielen Waschen und Kämmen schon gar keine

Farbe mehr und richtige, echte, fest verwachsene Zähne besaß sie auch nicht mehr. Omas Zähne waren an zwei großen rosa Bonbons festgeklebt. Eines von ihnen pappte sie oben und das andere unten in den Mund. Diese Bonbondinger, Mama sagte Prothesen dazu, konnte Oma, wann immer sie das wollte, aus dem Mund nehmen und unter dem Wasserhahn einfach abspülen, was sehr praktisch war. Immer wenn Paulina zusah, wie Oma genüsslich an ihren Zahnbonbons herumschlotzte, fragte sie sich, nach was sie wohl schmeckten. Aber sie traute sich nicht, danach zu fragen.

In dem Wohnstift, in dem Mama arbeitete, trugen fast alle der älteren Herrschaften solche Zahnprothesen, hatte Mama erzählt. Sie fand es im Übrigen sehr wichtig, dass Paulina und Max ihre Zähne gründlich pflegten, damit sie ihnen bis ins Alter erhalten blieben.

Paulina hoffte inständig, Mama würde nicht bemerken, dass einer ihrer Schneidezähne wackelte. Wirklich nur ganz wenig, vielleicht hörte es bald wieder auf. Sonst gäbe es bestimmt Ärger und ihre Mutter würde sagen, dass Paulina ihre Zähne nicht sorgfältig genug putzte. Na gut, ein paar Mal hatte sie es auch wirklich schon versäumt, das stimmte. An manchen Tagen war sie einfach zu müde, wenn sie sich zuvor schon um Max gekümmert hatte. Zahnpflege bei ihm war ziemlich mühsam. Manchmal dachte sich Paulina für ihn kleine Geschichten aus. Besonders mochte er die von der schönen Mundprinzessin, die mitsamt ihrem Hofstaat einmal in seinen Mund einziehen würde. Doch nur, wenn alle Zähne gesund und blitzblank geschrubbt wären. Glücklicherweise waren Max Zähne gesund, schneeweiß und einfach perfekt. Die Prinzessin konnte kommen.

Überhaupt war alles an Max perfekt, fand Paulina. Sie vergötterte ihren kleinen Bruder! Und sie tat alles für ihn. Ob er wollte oder nicht. Sie wusch ihn, zog ihn an, ging mit ihm aufs Klo, kämmte ihn, was er gar nicht leiden konnte, ebenso wenig wie Haarspangen, sie schmierte ihm Marmeladenbrote, nahm ihn bei der Hand, wenn sie gemeinsam die steile Treppe zur Keller-Oma hinunterstiegen und hätte ihn am liebsten den ganzen Tag in ihrem roten Puppenwagen herumgeschoben, was Mama streng verboten hatte. Max erwachte morgens unter Paulinas liebevoller Fuchtel und schlief abends ebenso ein. Ab und zu kam es sogar vor, dass er sie „Mama" nannte. Das gefiel Paulina.

Ihre Mutter war froh, wenn Paulina ihr im Haushalt oder mit Max zur Hand ging. Papa konnte nämlich nicht mithelfen, er musste sehr viel und sehr oft arbeiten. Mamas Meinung nach viel zu viel und viel zu oft. Sie mochte es gar nicht, dass er manchmal sogar an den Wochenenden fortging oder erst spät in der Nacht nach Hause kam.

Einmal, es war an einem Sonntag, Mama hatte das Mittagessen schon fertig, sollte Paulina Papa holen gehen. Er schlief noch. Im Schlafzimmer roch es muffig, nach Bratwurst und Pupsen. Das Mittagslicht, das durch die Ritzen des Rollladens stach, schnitt die dicke Luft und das Zimmer in gleichmäßige dunkle und helle Scheiben. In den hellen sah Paulina Staub tanzen und sie sah, dass Papa die Augen fest geschlossen hatte. Vorsichtig trat sie näher an ihn heran. Obwohl Mama sie geheißen hatte, Papa zu holen, beschlich Paulina ein mulmiges Gefühl, fast als ob sie etwas Verbotenes tat. Sich so an Papa heranzupirschen und hier im Elternschlafzimmer alleine mit ihm zu sein, war ihr unangenehm. Überhaupt glaubte sie, ihm noch nie im Leben so nahe gewesen zu sein wie jetzt gerade. Überdeutlich erkannte sie seine dunklen Wimpern und tausende dieser Poppeln oder Stoppeln oder wie die Dinger hießen, die ihm über Nacht immer an den Wangen und am Kinn wuchsen. Die beiden dunklen Flecken an seinem Hals waren Paulina jedoch bisher noch nie aufgefallen. Ob er sich verletzt hatte?

Papas Atem roch gar nicht gut, eigentlich stank er sogar, nach dem Qualm der Zigaretten, die er sich tagsüber alle paar Minuten anzündete. Paulina fasste sich ein Herz, packte den Arm ihres Vaters und rüttelte kräftig. Eigentlich war sie fast erleichtert, als er sich nicht rührte. Sie huschte zu Mama in die Küche und fragte, was sie sonst noch tun konnte, um ihn aufzuwecken.

„Nimm dir einen Waschlappen", zischte ihre Mutter, „mache ihn mit kaltem Wasser nass und klatsche ihn in sein Gesicht!"

Paulina verstand nicht, warum Mama so wütend war. Sie hatte doch getan, was sie verlangte und konnte schließlich nichts dafür, dass Papa nicht aufwachen wollte. Am Ende war es Max, der Papa den Waschlappen ins Gesicht schlug, nachdem er fröhlich zu ihm ins Bett gehüpft war. Papa fand das gar nicht lustig. Er wollte danach auch nicht mit ihnen gemeinsam zu

Mittag essen. Stattdessen zog er seine Jacke an, schlang sich trotz der Wärme einen Schal um den Hals und machte sich mit Harro zu einem langen Spaziergang auf.

Leider konnte Paulina zu ihren Onkeln und Oma Helene nicht einfach die Treppe hinunterlaufen, wenn sie sie übers Wochenende besuchte. Sie wohnten so weit entfernt, dass man entweder drei Stunden mit dem Bus oder fast eine ganze Stunde mit dem Auto fahren musste. Meistens wurde Paulina deshalb freitags von Onkel Egon in seinem klapprigen weißen Auto abgeholt.

Paulinas Freude war groß, als Mama sie an einem Donnerstag mit der Nachricht überraschte, dass Onkel Egon sich für den Nachmittag angemeldet hatte.

Max machte ein langes Gesicht. Er durfte nie mit zur anderen Oma.

Paulina schnappte sich Bruno und wartete ungeduldig auf ihren Onkel. Bruno kam immer mit, wenn sie die Oma besuchte. Er war wie ein Bruder aus Stoff. Mama hatte ihr einmal erzählt, dass ihr Lieblingsteddy vom ersten Lebenstag an mit ihr zusammen im Stubenwagen gelegen hatte. Bruno sah man sein Alter inzwischen an, an manchen Stellen war er dunkel und speckig und an anderen schon ganz kahl und seine Stoffhaut schimmerte durch.

Einmal hatte Paulina ihn operiert, weil sein Blinddarm entzündet war und er schlimme Bauchschmerzen gehabt hatte. Sie wusste nicht genau, wie ein Blinddarm aussah, aber dass er den Bauch schlimm krank machen konnte und man deswegen ins Krankenhaus musste, das hatte ihr Mama erklärt. Mit dem Zirkel ritzte Paulina Brunos Bauch auf. Das war leicht gewesen, aber danach musste Mama ihr helfen, die Bauchhaut wieder zuzunähen. Alleine hätte sie das nicht gekonnt. Eine dicke Narbe aus blauem Faden hatte er von diesem Eingriff zurückbehalten.

Wenn Paulina groß war, wollte sie Krankenschwester wie Mama, oder noch besser, eine richtige Ärztin werden. Eine, die Blinddärme herausoperieren und die Bäuche danach fachgerecht wieder verschließen konnte.

Seit ein paar Tagen hatte Bruno nun leider auch keine Augen mehr und trug stattdessen einen Verband aus einem alten Geschirrtuch um den Kopf. Paulina wurde flau, als sie daran dachte, wie das passiert war.

Max und sie hatten Krankenhaus gespielt. Max sollte auf Bruno aufpassen. Ganz kurz nur war Paulina aus dem Zimmer gegangen, und gerade als sie wieder hereinkam, sah sie noch, wie Max ein Auge aus Brunos Gesicht pflückte und es sich wie ein Bonbon in den Mund stopfte. Erschüttert entriss Paulina ihm das Stofftier, doch Max stürzte dabei so unglücklich, dass er mit der Stirn gegen den Türrahmen schlug. Innerhalb weniger Sekunden wuchs ihm eine pralle, blaurote Beule und er schrie wie am Spieß.

Papa fackelte nicht lange, er verhaute Paulina so fest, dass sie zwei Tage lang nicht richtig sitzen konnte und schickte sie sofort, ohne Abendessen und ohne Zähneputzen ins Bett.

Es war nicht die brennende Hitze ihrer geschundenen Haut an Po und Schenkeln, die ihr in dieser schlimmen Nacht am meisten zusetzte, es war der harte, kalte Klumpen aus Verletztheit, Verzweiflung und Einsamkeit tief in ihrem Innersten, der heimtückisch Lebensmut und Wärme fraß.

Sommer 1973

Dieses Mal blieb sie länger als das übliche Wochenende bei Oma. Viel länger. Aber kein einziger Tag war langweilig. Immer gab es irgendetwas im Haus und im Garten zu tun. Onkel Christof, Mamas dritter Bruder, zeigte ihr, wie man Federball spielte und was noch besser war, er brachte ihr Schwimmen bei. Wenn er nachmittags nach Hause kam, hievte er sie auf den Gepäckträger seines Fahrrades und radelte mit ihr ins Freibad. Überhaupt kümmerten sich Oma und Mamas Brüder sehr um sie. Sogar Udo, der Jüngste, der nur sieben Jahre älter als Paulina war und eher ein Bruder als ein Onkel, stritt kein einziges Mal mit ihr und ließ sie sogar neben sich auf dem Kanapee liegen, wenn er Fern sah.

Onkel Albert brachte sie an einem Sonntagabend schließlich wieder zurück. Allerdings nahm er einen anderen Weg als sonst. In diesem Teil der Stadt war Paulina nie zuvor gewesen. Er stellte das Auto am Rand einer steilen Straße ab, ringsum gab es fast nur hohe Häuser, nahm Paulinas Tasche und bat sie, auszusteigen. Sie fragte sich, ob sie vielleicht Onkel Alberts Freundin besuchen würden. Paulina wusste, dass er eine Freundin hatte. Marianne hieß sie.

Onkel Albert drückte den linken der beiden Klingelknöpfe für den dritten Stock. Der Türöffner summte und sie betraten ein dunkles Treppenhaus. Als Paulina ihn fragte, ob Marianne hier wohnte, schüttelte der Onkel den Kopf. Er nahm ihre Hand, das machte er sonst nie, und sagte, es gäbe eine Überraschung für sie. Irgendwie klang seine Stimme nicht nach „Überraschung", eher als hätte er eine Halsentzündung und bräuchte dringend ein Lutschbonbon. Im dritten Stock stand eine der Wohnungstüren einen Spalt offen. Paulina war sehr gespannt, wen sie hier besuchen würden. Onkel Albert stieß die Tür auf und im Flur stand Mama.

Die Wohnung gefiel Paulina, obwohl es im Badezimmer kein Fenster und in der Küche nur einen kleinen Tisch mit einer winzigen Eckbank gab. Sie würden schon alle irgendwie einen Sitzplatz finden. Paulina bezog ein eigenes Zimmer, nur für sie ganz alleine. Das neue Bett darin, kein Etagenbett mehr, probierte sie gleich aus. Es war sehr bequem und sehr groß. Noch einmal inspizierte sie die neue Wohnung:
Küche. Wohnzimmer. Badezimmer. Schlafzimmer.
„Mama", fragte sie schließlich, „wo wird Max schlafen?"

Paulina hörte, was ihre Mutter antwortete. Sie verstand jedes Wort. Aber sie begriff nichts davon. Wie meinte Mama das, sie und Paulina würden jetzt hier wohnen und Papa bliebe mit Harro im alten Haus? Und um Max würde sich Tante Lilo kümmern, sagte Mama. Er wohnte schon seit ein paar Tagen bei ihr. Max wohnte bei Tante Lilo? Warum? Papas Schwester hatte doch schon ein eigenes Kind, genügte ihr das nicht?
Gerne hätte Paulina ihre Mutter gefragt, warum sie nicht auch bei Tante Lilo wohnen konnte, aber Mama weinte. Sie konnte gar nicht mehr sprechen, so sehr schluchzte sie. Besorgt umschlang Paulina ihre Mutter und beschloss, dass es besser war, keine Fragen zu stellen.

Am nächsten Morgen zeigte Mama Paulina alles, was fortan wichtig sein würde. Wie man einen Wecker bediente. Wie die Wohnungstür auf- und abgeschlossen wurde. Den Weg zu Paulinas neuem Kindergarten. Das Krankenhaus, in dem Mama schon seit zwei Wochen arbeitete. Und den Frisörladen. Noch nie zuvor war Paulina bei einem Frisör gewesen. Sie kletterte auf einen schweren Sessel, auf den man zusätzlich eine umgedreh-te Kiste gestellt hatte. Als sie schließlich vor einem riesigen Spiegel thron-te und der Mann mit dem Schnurrbart, Herr Huber hieß er, die Schere zückte, weinte Paulina. Sie hatte das entsetzliche Gefühl, dass sie mit jeder Haarsträhne, die zu Boden fiel, etwas Kostbares verlor. Am Ende starrte sie auf das fremde Spiegelbild eines verheulten Mädchens mit raspelkurzem Schopf. Alles was wichtig, gut und vertraut gewesen war, hatte man ihm weggenommen. Den Bruder, den Hund, den Garten, das Zuhause. Und jetzt auch noch ihre Haare.

Nur Mama war noch da. Und Herr Huber.

Herr Huber klaubte Paulinas abgeschnittene Haare zusammen, bündel-te sie so gut es ging und schlang ein Band darum. Dann sagte er, dass er diesen Zopf eigentlich gerne an eine Frau weitergeben würde, die so krank war, dass ihr alle eigenen Haare ausgegangen waren. Sie könnte sich eine wundervolle Perücke davon knüpfen lassen. Aber weil Paulina so traurig war, würde er die Haare erst einmal bei sich im Laden aufheben. Er wollte sie hier ins Fenster legen, dann konnte Paulina jeden Tag vorbeikommen und sie sehen oder auch anfassen, wenn sie das wollte. Dankbar nickte Paulina und plötzlich wurde ihr etwas wichtiges klar. Die Haare, die Herr Huber ihr abgeschnitten hatte, waren noch immer da. Zwar nicht mehr an ihrem Kopf, aber noch da. Sie waren nicht tot und für immer fort wie der Opa. All die Dinge, die man ihr weggenommen hatte, waren nicht mehr bei ihr, aber sie waren noch da. Max war nicht gestorben. Er war noch da. Zwar bei Tante Lilo, aber noch immer irgendwo in dieser Stadt. Sie würde auch ihn, so wie ihren Zopf, sehen und berühren können. Irgendwann. Eine heiße Woge der Erleichterung durchflutete Paulina. Sie war Herrn Huber unendlich dankbar.

Als Mama ihr dann noch erzählte, dass Max sie in wenigen Tagen be-suchen käme und ein ganzes Wochenende lang bei ihnen bleiben würde, lächelte sie sogar.

In den nächsten Wochen zahlte es sich aus, dass Paulina ein artiges Kind war. Mama machte ihr unmissverständlich klar, dass sie sich ganz genau an ihre Vorgaben halten musste. Sollte Paulina nämlich nicht gehorchen, dann sah sie sich gezwungen, Paulina in ein Heim zu geben. Paulina wusste nicht, was ein Heim war, aber sie versprach, alles genau so zu machen, wie Mama es wollte.

Wenn Paulinas Wecker um 7 Uhr 30 klingelte, war Mama schon aus dem Haus gegangen. Ihre Frühschicht begann um 6 Uhr. Paulina putzte sich die Zähne, machte eine Katzenwäsche und zog die Kleider an, die Mama ihr am Abend zuvor immer schon herauslegte. Um ihr Haar musste sie sich dank Herrn Huber nicht weiter kümmern. Sie schaute nach, ob die Fenster geschlossen und alle Lichter ausgeschaltet waren, hängte sich zuerst die kleine Tasche mit dem Vesperbrot um, nahm dann den Wohnungsschlüssel vom Haken, Mama hatte eine rote Kordel daran geknüpft, schloss die Wohnungstür gewissenhaft ab, hängte sich den Schlüssel um den Hals und verließ das Haus. Zum Kindergarten brauchte sie keine zehn Minuten. Dort blieb sie, bis Mama sie am Nachmittag nach der Arbeit abholte.

Wenn Mama bis abends arbeiten musste, endete der Kindergarten für Paulina um 16 Uhr. Für den Heimweg ließ Paulina sich dann etwas mehr Zeit. Manchmal schaute sie noch bei Herrn Huber und ihrem Zopf vorbei, manchmal studierte sie die Auslagen in Herrn Eichbaums Schreibwarenladen, manchmal beobachtete sie die Kinder, die auf dem kleinen Spielplatz vor der Turnhalle rutschten oder schaukelten oder einfach nur im Sand spielten. Sie hätte gerne mitgespielt, aber sie hatte Mama versprechen müssen, dass sie sich nach dem Kindergarten nicht herumtrieb, sondern zügig heimging. Zu Hause trocknete sie das Geschirr ab, das ihre Mutter mittags gespült hatte und aß, was sie ihr, abgedeckt mit einer Schüssel, bereitgestellt hatte. Um 19 Uhr 30, wenn die Zeiger ihres Weckers auf die gleichen Zahlen wiesen wie am Morgen, wenn er sie aufweckte, ging Paulina ins Bett. Manchmal war sie noch wach, wenn Mama nach Hause kam, aber meistens schlief sie schon.

Herbst 1973

Paulina freute sich riesig, ihren kleinen Bruder wiederzusehen. Papa brachte ihn, weil Tante Lilo jetzt wohl zwei Kinder hatte, aber noch immer nicht Autofahren konnte. Erst schaute Max Paulina verwirrt an und griff nach ihren Haaren. Aber danach war schnell wieder alles so, wie es immer gewesen war. Sie spielten ausgiebig miteinander, Mama kochte etwas Leckeres, dann gingen sie zu dritt spazieren, Mama kaufte ihnen sogar ein Eis, und am Abend durften sie zusammen in Paulinas Bett schlafen. Das Wochenende verging wie im Flug. Schneller als es ihnen lieb war, mussten sie sich schon wieder voneinander verabschieden.

Max wollte nicht zu Papa ins Auto steigen. Er klammerte sich an Mama, heulte und trat nach seinem Vater. Paulina weinte, sie konnte es kaum ertragen, ihren kleinen Bruder so außer sich zu sehen. Schließlich löste Mama seine kleinen Hände, drückte ihn Papa in die Arme und flüsterte „wir sehen uns doch in zwei Wochen schon wieder mein kleiner Schatz". Damit drehte sie sich um, nahm Paulinas Hand und zog sie ins Treppenhaus. Die Haustür fiel schnappend zu und sie weinten beide, als sie die Stufen in den dritten Stock hinaufstiegen.

Am nächsten Besuchswochenende backte Mama einen Kuchen mit Max und Paulina und sie veranstalteten eine Riesensauerei in der Küche. Aber Mama schimpfte nicht. Im Gegenteil, sie lachten und alberten miteinander, dass Paulina am Abend der Bauch davon wehtat. Wieder kam der Sonntagabend schneller als gedacht. Max wollte gar nicht erst mit hinuntergehen. Er versteckte sich unter der Eckbank in der Küche. Mama lockte ihn mit dem Versprechen hervor, dass sie bei seinem nächsten Besuch mit ihm ins Schwimmbad gehen würden. Der Aufstand jedoch, den er vollführte, als Papa ihn draußen in Empfang nehmen wollte, gestaltete sich noch schlimmer als beim letzten Mal. Max schrie und trat und haute auf seinen Vater ein. Rot wie eine Tomate verfärbte sich sein Gesicht. Paulina verharrte fassungslos an der Haustür. Mama, ihr Gesicht weiß wie die Hauswand, vor der sie stand, sah aus wie ein Gespenst. Im ersten Stock machte jemand ein Fenster auf, um nachzusehen, was da vor sich ging. Papa packte Max Handgelenk so fest, dass Paulina fürchtete, er könnte es ihm brechen. Dann ohrfeigte er ihn. Augenblicklich verstummte Max. Ungläubig starrte er seinen Vater an, hielt sich die Wange und warf dann einen hilfesuchenden Blick zu Mama. Mama presste die Hände auf ihre Brust als hätte sie Schmerzen. Langsam schüttelte sie den Kopf. Brutal stieß Papa Max ins Auto, auch er war dunkelrot geworden, schlug die Tür zu und rauschte davon.

Paulina sah, wie ihre Mutter auf die Eingangstreppe sank. Erst stierte sie auf den Boden, dann schlug sie die Hände vors Gesicht, sackte in sich zusammen und begann hemmungslos zu schluchzen. Unbeholfen schlang Paulina die Arme um sie. Sie hatte Angst. Panische Angst, die ihr die Kehle zuschnürte und ihre Eingeweide zusammenpresste. Angst, dass sie ihre Mutter nun auch noch verlieren würde, weil sie hier, vor ihren Augen, vor Kummer starb.

Paulinas Mutter starb nicht. Sie traf eine Entscheidung. Dass es die richtige war, sollte Paulina erst Jahre später verstehen. Genaugenommen waren es 12 Jahre, denn erst dann traf sie ihren Bruder wieder.

Septembernachmittag 2020

Er flaute ab und legte sich schließlich ganz, der Sturm dieses Nachmittags. Kraftlos fiel der Windsack in sich zusammen.
Noch immer lag das geöffnete Album vor mir.
   Ich blätterte zur nächsten Seite. Sie war leer sowie alle nachfolgenden Seiten auch. Für den Frühling 1973 gab es keine Fortsetzung. Zumindest keine, die in dieses Album gepasst hätte.
   Mein Blick glitt hinüber zum Bücherregal. Der große silberfarbene Umschlag, zwischen zwei weiteren Fotobüchern lugte er hervor.
„Nein!", entschied ich. Für heute war es genug.

Stieglitz

60 Jahre

Stieglitz

Ich bin 60 Jahre alt und gehe singend und dichtend durch die Tage. Seit 15 Jahren wohne ich mit meinem Mann im schönen Baden-Baden.

Die Natur schafft eine intensive Belebung, die ich glücklich und dankbar empfinde. In engster Verbindung mit dem Geschauten fasse ich es in Worte. Es ist mir, als kämen meine Gedichte aus anderen Räumen, ich empfinde sie als Geschenke.

Was Freundinnen schreiben:
Die Gedichte unserer Freundin sind Momente des Innehaltens, der Bewunderung von Schönheiten in der Natur, sie sind Ausdruck der Freude oder der Erschütterung über menschliche Gefühle, oft ein Blick in die Ewigkeit. Da packt eine den Moment mit beiden Händen. In gewohnter Metrik schenkt eine kraftvolle Sprache ungewöhnlich ausdrucksstarke Bilder. Und ebenso umfasst sie den Augenblick dann wieder in rätselhaft-romantischer Geste. Umso schöner ist es, dass ihre Gedichte nun einem größeren Kreis zugänglich gemacht werden.

Tages Erwachen

Wie angemalt stehn Gräser grün,

wenn morgens Tau darüber geht

und feuchte, schwarze Nacht sich hebt,

wie Deiche wölben sich die abgeblühten Bäume,

wie lehmverspritzte Doldensträuße.

Und Krähen krächzen unerhört,

da Schläfer sich im Schlaf noch drehn

und fremder Reiherruf ertönt.

Wie schön erstellen sich des Wegs die Lilien!

und lila Tintenblut auf glatte Schwerterkante rinnt

und Häupter wiegen sich im Wind,

stumm reiht sich Bild an Bild

in seine Farbdomäne,

in Düfte, die der Wuchs zu Sträucherfrüchten raut,

aus Schlaf spricht eines Menschen Stimme laut,

verloren in der stillen Allgewalt.

So klar und nüchtern d'Vögel singen,

das wird ein heißer Tag,

in Jubellaute unterbringen,

was ich gesehen hab'.

Wie Stein

Von der schweren Last der Steine
ganz befreit, weil Stein geworden,
und die Wärme aus der Zeit,
dort mich hält und hat verloren;
meine Augen still geschlossen,
schlaf wie Pflanzen manchmal tun,
schlaf, wie Steine ohne Augen,
Tritte, Sprache, Blicke ruhn.
Fällt, mir müd', ein Teil von mir,
werde kleiner, ganz vergänglich,
werde feiner, rieselt Sand,
unbekanntes, neues Land.

Ulrike Tobisch-Kohlbecker

80 Jahre

Diplom Kauffrau, Journalistin,
PR-Consultant, Coach

Ulrike Tobisch-Kohlbecker

Mein beruflich bewegtes Leben begann beim Mannheimer Morgen in der Wirtschaftsredaktion. Die bildliche Verwirklichung der Wirtschaftsinformation fand ich beim SWF (heute SWR)-Fernsehen. Filme für die Abteilungen Kultur, Politik und Sport erweiterten das Portfolio.

Mangels der Vereinbarkeit von Familie/Kind und Beruf in der damaligen Zeit: Aufgabe der Festanstellung, „Flucht" in die Selbständigkeit. Büro für Kommunikation. Vier Jahre Portugal aufgrund des beruflichen Engagements des Ehemanns. Portugiesisch Privat-Intensivkurs. Mitglied im AuslandspresseClub, Korrespondentin der Deutschen Verkehrszeitung. Nach vier Jahren Rückkehr nach Deutschland. Börsen-Pilot-Sendung für FAZ und Capital. Im Team der ersten Kommunikationskampagne des Arbeitgeberverband Gesamtmetall; es entstand der Branchen-Begriff „Metall- und Elektroindustrie". Vorlesungen PR für Wirtschaftsingenieure Uni Karlsruhe. PR und Eventmanagement für zahlreiche Murgtäler Unternehmen und Privatpersonen; schließlich 13 Jahre PR für Foliatec, Nürnberg. Nebenher: Coaching-Ausbildungs-Seminare Uni Tübingen / König Schwäbisch Hall, Hildesheimer Gesundheitstraining. Heute: Coaching-Einzelberatung für Veränderungswünsche im Beruf und privaten Bereich.

Ehrenamt früher und jetzt: 10 Wochen SES (Senioren Experten Service) Uni Jatinangor/Bandung, Indonesien. Soroptimist International (SI), Heimat-Club ist Bad Herrenalb/Gernsbach, Ämter auf Bundesebene und regional. Öffentlichkeitsarbeit für die Gaggenauer Tafel und die Kulturloge Baden-Baden e.V., ehem. Geschäftsführerin Brahmsgesellschaft Baden-Baden e.V. (35 Jahre Mitglied).

Skifahren geht nicht mehr, dafür aber golfen.

Schreiben berufsmäßig – fast mein Leben lang…, privat neu!

Ulrike Tobisch-Kohlbecker

Schiefer Bruch
- als ob es so gewesen wäre… -

„Nach einer fast zweistündigen Autofahrt haben wir endlich das verlassene Dorf im Thüringer Wald erreicht. Das Auto sicher abgestellt und das Equipment umgeschnallt. Jetzt stand uns ein etwa 500 Meter langer Fußmarsch entlang am Schieferbruch bevor, weit und breit nichts außer Bäume und leichter Nebel, wir fragten uns, ob wir hier richtig sind. Dann erblickten wir das erste Haus am Waldrand, mit voller Begeisterung und leicht mulmigem Gefühl musste ich als Erster das Haus betreten, wie immer …" *1

Drinnen herrscht chaotisches Treiben, Truhen, Korbkoffer, Metallkoffer stehen in allen Zimmern. Geschäftig laufen Elisabeth und Maria und schaffen die Kleider der Herrschaft herbei. Glatt gebügelt werden sie sorgfältig in die Koffer gelegt. Maria macht sich in der Küche zu schaffen – um 12.30 h Mittagessen – gleichzeitig aufschreiben, was in die Truhen muss. „Wie immer…", wie jedes Jahr Vorbereitungen für den Sommeraufenthalt auf dem Amalienberg. Bertha, die Hausherrin stöhnt – auch wie immer – alles wächst ihr über den Kopf. Dieses Jahr soll es zum ersten Mal mit dem Auto auf die lange Strecke gehen, obwohl doch ihr Karl dafür gesorgt hat, dass die Bahnstrecke vom Dorf zum nächstgrößeren Bahnhof endlich fertig gestellt wurde. Ein Daimler – alle beneiden sie – eines der ersten dieser Marke und Karl, ihr Karl, hat ihn gekauft.
  Bertha bewundert ihren Karl. Sie, als Tochter eines Unternehmers, ist Umtrieb gewohnt. Doch der schnelle Aufstieg der Firma „Karl O. Schieferbrüche Lehesten" macht ihr Sorgen. Und da gibt es diesen Brief, den sie gestern gefunden hatte und den sie ihrem Karl nicht zeigen wollte – noch nicht. Wann wird wohl der richtige Zeitpunkt sein, ihm den Inhalt zu offenbaren? Auf der Fahrt vielleicht oder doch erst nach der Ankunft auf dem Amalienberg. Oder gar warten, den ganzen Sommer lang aufschieben. Sie steckt den Brief ganz unten in ihre Reisetasche, beim Hineinlegen riecht sie am feinen Leder – Erinnerungen an die Heimat, die Reisetasche, ihr Geschenk von der Mutter zur Hochzeit. Sie hatten sich kennengelernt

1866, als Karl den Betrieb ihres Vaters besuchte. Der Tod seiner Frau war kaum ein Jahr her. Eisenerz schürft ihre Familie, Schiefer bringt Karl zutage. Es passte, und man tat sich zusammen. Ein Jahr zuvor hatte Karl schon die Oertel-Villa oben auf dem Schieferbruch erbauen lassen. Ein Herrenhaus wie das ihrige daheim. Im Gegensatz zu den Häusern im Dorf und in der gesamten Umgebung hat die „Weiße Villa" keine Schieferfassade, dafür aber die schönsten Schiefer-Dachziegel.

An diesen Schiefer-Ziegeln und Schiefer-Schindeln verdient auch ihr Karl ein gutes Geld. Ein Fuhrwerk nach dem anderen bringt das „Schiefer-Gold" nach Sachsen, wo wegen der hohen Brandgefahr Holzschindeln verboten wurden. Karl ist nicht nur ein guter Unternehmer, nein, er ist außergewöhnlich – und dies nicht nur in Berthas Augen. Die fast tausend Arbeiter genießen seine Wohltätigkeit in allen Bereichen. Die „Gastarbeiter" aus Bayern haben Schlafstätten, Duschen, Trockenräume für die Arbeitskleider. Sie werden in der Kantine verköstigt, genau wie ihre heimischen Kollegen. Es gibt eine Bibliothek, und für die Kinder wird ein Schulhaus gebaut. Der Geheimrat ist anerkannt, verehrt und sich nicht zu schade, vor Ort einem Arbeiter zu zeigen „wie es geht…".

Bertha genießt den Status der Frau Geheimrat; Karl überließ ihr die heimische Organisation, wie auf dem Schieferbruch musste alles ordentlich, sauber, korrekt und angemessen sein. Er unterstützt ihren Lesezirkel, und sie gibt Anregungen für die Bibliothek der Arbeiter und kümmert sich um deren Kinder. Er unterstützt ihre Sehnsucht nach Oper und Theater und erlaubt ihr ab und an, nach Weimar zu reisen. Dort weiß er sie in guter Obhut, schließlich ist Pauline, die Großherzogin von Sachsen-Weimar-Eisenach, inzwischen zu einer guten Freundin geworden. Sie kann bei ihr im Schloss Belvedere nächtigen, und gemeinsam erleben sie Theater- und Opernabende mit anschließenden Gesprächen unter vielen Freunden im Schloss. Pauline und Bertha sind, wie man zu sagen pflegt, ein Herz und eine Seele. Bertha sieht und lernt, wie prächtige Einladungen geplant und durchgeführt werden. Ausgesuchtes Porzellan mit großherzoglichen Initialen, handgeblasene Gläser, glänzende Silberleuchter, geklöppelte Spitzen und gestickte Tischtücher mit passenden Servietten. Eindrucksvoll! Und Bertha ahmt vieles zuhause nach – ihren Verhältnissen gemäß, und das sind nicht die schlechtesten.

Der Brief, den hätte sie gerne Pauline gezeigt, bevor sie jetzt zum Schloss auf dem Amalienberg fahren. Aber dazu war die Zeit zu kurz. Die Koffer und Kisten sind gepackt, sie müssen jetzt mit dem Fuhrwerk auf den Bahnhof gefahren, um in Gaggenau ebenfalls mit dem Fuhrwerk abgeholt zu werden. Der Verwalter Ferdinand sorgt sich darum. Und seine Frau Elise, so ist es vereinbart, kümmert sich um die Vorbereitungen im Haushalt des Schlosses. Sie wird unterstützt von Maria, der Köchin, und Elisabeth, der Wirtschafterin, die ebenfalls schon nach Gaggenau gereist sind. Auf den Motorwagen, mit dem Karl und sie übermorgen losfahren, kann nur ein Gepäckstück aufgeschnallt werden, das die notwendigen Utensilien für die Reise aufnimmt.

Endlich war es soweit. Der Wetterfrosch ganz oben auf der Leiter verhieß gute Reisebedingungen, und auch von Gaggenau hörte man nur die beste Wetterlage. Fritz, der Chauffeur, hatte bereits den großen Koffer aufgeschnallt. Die zurückgebliebenen Hausbesorger und auch Schieferbruch-Direktor Wilhelm, Berthas Bruder, verheiratet mit Karls Tochter Marie aus erster Ehe, stehen für den Abschied bereit. Ein hochmodernes Paar, das da in das Automobil steigt. Beide hatten sich von ihrem Schneider und ihrer Schneiderin Anzug und Kostüm aus kräftigen Stoffen nähen lassen. Er in dunkelgrau, sie in changierendem Lila, und beide tragen Staubmäntel, wie sie extra für Automobilfahrten zu kaufen sind. Mütze und Hut freilich passend. Adieu, auf gesundes Wiedersehen, bleibt alle gesund und Gute Fahrt. Fritz, der Chauffeur in der Schieferbruch-Uniform, dreht die Kurbel und los geht's mit viel Getöse. Bertha schmiegt sich an ihren, ehrlich gesagt, schon etwas betagten Karl, der sich mit Fritz über den Motorwagen unterhält: Übersteht er die Fahrt, ist alles in Ordnung, der Ton vorn links, nichts zu befürchten? Nein, alles in Ordnung, das ist die Kette, die etwas rattert…, bald sind wir da, in Bamberg! Das war Berthas Wunsch: Zwischenstation in Bamberg. Nur noch wenige Kilometer trennen sie von dieser wunderbaren Stadt. Sie hat die Geschichte von Bamberg in- und auswendig gelernt; sie wird Karl durch die Stadt wie eine Fremdenführerin leiten können. Pauline gab ihr die Empfehlung, im Hotel Deutsches Haus in der Königstraße abzusteigen, und es ist eine gute Empfehlung. Offensichtlich hat man ihre Ankunft angekündigt, sie wurden „herzoglich" empfangen und gleich zu ihrer Suite geleitet. Fritz kann für die Kostbarkeit

Automobil eine Garage bekommen, und sein Zimmer gehört nicht zu den schlechtesten Personalräumen, im Gegenteil: groß, sonnendurchflutet und sogar das Badezimmer gleich im Flur daneben.

Bertha bittet am Empfang um eine Kutsche für den nächsten Morgen, denn sie will nicht mit dem Motorwagen über das holprige Pflaster fahren. An sich wäre ihr es zu Fuß am liebsten, aber Karl mag nicht den steilen Berg hochsteigen – das hatte er sich ausbedungen. Es gebe auch eine Straßenbahnhaltestelle am „Steinweg", so die Auskunft an der Rezeption, doch mit der Kutsche, fand Bertha, seien sie unabhängig.

Die Suite ist in Ordnung, wenn auch nicht gerade luxuriös, aber für eine Nacht, denkt Bertha, ist es gut auszuhalten. Frisch machen, Zeit für's Abendessen. Der Speisesaal war reichlich mit Gästen gefüllt. Man hat ihnen einen Platz am Fenster reserviert, damit sie noch die Abendstimmung genießen können. Karl ist müde, allerdings nicht zu müde, um nicht noch mit einem Bamberger Bürgerbräu die Lebensgeister zu wecken. Bertha zieht ein frisches Quellwasser vor. Und natürlich bestellen sie – obwohl nicht gerade gesund am Abend – das Bamberger Traditionsgericht „Schäuferla". Der Schnaps hinterher hilft beiden, das Schwein mit Anhang zu verdauen. Und sie begeben sich zur Ruhe.

Sie stehen am Nordpfeiler des Georgenchors im Bamberger Dom: vor dem Bamberger Reiter. Der Domführer erzählt ihnen die vielen Deutungen, verwirrend für Bertha, Karl nimmt das Gesagte auf, vergisst es aber schnell wieder. Und Bertha denkt an das Pferd im Schloss auf dem Amalienberg. Da steht auch ein Pferd oben am Ende der großen Treppe. Während der Führer bittet, sich die Farben vorzustellen, in denen der Bamberger Reiter einst in der Sonne glänzte, denkt Bertha an den Silbersattel, den „Ihr" Pferd hatte – ja hatte... Eigentlich ist es nicht „Ihr" Pferd, sondern das des Vorbesitzers des Schlosses, Freiherr Anton von Magnus, königlich Preußischer Gesandter am Württembergischen Hof, dessen Wirkungsort vor diesem Amt in Mexiko beheimatet war. Von dort schleppte er einen silbernen Sattel in seinem Mobiliar mit, ließ ein Pferd ausstopfen, mit dem mexikanischen Silberstück aufsatteln, und gab ihm einen gut sichtbaren Stellplatz auf der Empore des Schlosses. Ach ja, der Brief... auch das fällt ihr jetzt ein. Aber nein, das hat Zeit, sie will Karl jetzt nicht die Laune verderben. Noch ein Besuch im Rosengarten, wo es gerade anfängt zu blühen.

Dann mit der Kutsche den Berg hinunter, Fritz steht mit dem gepackten Automobil schon parat und ab geht's Richtung Amalienberg.

Die Reise verlief mit einigen Schwierigkeiten, Schnellreparaturen, Regenschauer und Verkehrshindernisse wie Kühe, Ziegen, Schafe und Vehikel, aber letztendlich ist die Freude und der Empfang auf dem Amalienberg groß. Das Voraus-Gepäck ist längst an Ort und Stelle, die Betten sind bezogen und Brot und Salz gerichtet – ein Brauch nicht nur zum ersten Einzug – sondern immer dann, wenn der Amalienberg wieder zur Sommerfrische bezogen wird. Karl und Bertha nehmen es gerne entgegen. Und welche Umarmung, ihre gemeinsame Tochter Anna war schon mit Elisabeth und Maria vorausgereist. Sie nimmt ihre Mutter an die Hand und zieht sie in den Stall: ein Kälbchen war geboren, und Anna durfte dabei sein.

Karl begibt sich, kaum aus dem Wagen ausgestiegen, mit seinem Verwalter Ferdinand ins „Amt", sprich in den großen Raum, in dem Schreibtisch, Versammlungstisch, Akten und sonstige Utensilien untergebracht sind. Die Landwirtschaft ist zum Teil verpachtet. Schäfer Weck hat jetzt über hundert Schafe auf der Weide. Der Wasserzulauf zum Kuhstall ist repariert. Die Pferde sind alle „auf Trab", d.h. gesund und haben gerade die Entwurmung hinter sich. Ferdinand berichtet auch vom Tod des Knechten Rudbert, der an der Tuberkulose gestorben ist – man hat es zu spät erkannt. Die Evangelische Kirchengemeinde – Ende der 80iger hatte Karl ihnen im Kavaliershaus einen Gottesdienstraum zu Verfügung gestellt – habe den Geheimrat nebst Gattin zum Gottesdienst eingeladen. Die Kirche in der Amalienbergstraße, den Grund dafür hatte Karl gestiftet, sei nun bis aufs kleinste Detail eingerichtet, und dies wolle man mit Andacht und festlicher Musik feiern. Karl sagt zu und bittet den Verwalter, allen auf dem Hof mitzuteilen, dass sie gemeinsam am Sonntag zum Gottesdienst gehen sollten.

Inzwischen ist Bertha mit Anna zum Schloss gelaufen. Ach, dieser Blick, wie hat sie ihn vermisst. Ihr Freund Theo hat ihn so schön in einem Artikel beschrieben:

„Von der Terrasse des Schlosses bietet sich ein prächtiger Rundblick auf die Gegend vom Eichelberg bis zum Hohloh. Es grüßen in weihevoller Reserve die stolzen Häupter des Eichelberges, des Mahlberges, des Bernsteins mit seinem strahlend weißen Erlöserzeichen, des Blutenkopfes, des Mauzenbergs, der Teufelsmühle und des langgezogenen Holohs sowie der vorgelagerten Kuppen, und drunten lachen die üppigen wohlbestellten Fluren von Gaggenau, Ottenau und Hörden, in welchen die Stätten schweißtriefender Arbeit liebevoll hineingesetzt sind, ohne das Landschaftsbild auch nur im geringsten zu stören." *2

Und als Theo damals kam, um diese schöne Umgebung kennenzulernen, lief er rund um den Berg herum, um dann auch noch die andere Seite zu bewundern:

„Auch wenn man auf dem Rücken des Berges wandelt oder den ‚Kestebuckel' hinabsteigt, breitet sich dem hungrigen Auge ein gleich köstlicher Rundblick auf den Merkur, den aristokratischen Schirmvogt von Baden-Baden, den Battert, die Ruine Ebersteinburg, das idyllische Waldseebad, auf die vorgelagerten Hügel, auf die fruchtbaren Äcker und Wiesen von Gaggenau, Rotenfels, Bischweier bis hinunter in die kraftstrotzende Rheinebene und auf die Konturen der Vogesen. Überall flutet daseinsfreudiges, üppiges Leben."

Tja, seufzt Bertha, „daseinsfreudig"…, sie denkt an den Brief, den sie Karl noch immer nicht gezeigt hat. Aber jetzt gilt es erst einmal das Sommerfest vorzubereiten. Sie bittet Fritz, den Chauffeur, zur Glashütte Gaggenau zu fahren, um ihre Bestellung abzuholen. Sie hatte nach eigenen Entwürfen Gläser mit Weinreben auf der einen Seite und dem Schloss auf der anderen Seite sowie den Initialien ‚K.O.' in Auftrag gegeben, zusammen mit den entsprechenden Karaffen. Sie freut sich schon, wie schön das alles auf den Tischen aussehen wird, zusammen mit ihrem thüring'schen Porzellan aus Kahla, ebenfalls mit den Initialen K.O. Karl meinte zwar, sie solle ‚B.O.' aufmalen lassen, aber Bertha wollte sich nicht so herausstellen.

Und es kamen alle, die Bergmanns, der neue Bürgermeister Karl Kohlbecker und alles, was im Murgtal Fabriken, Geschäfte und einen klingenden Namen hatte. Als besondere Überraschung präsentierte Bertha die berühmte Sängerin und Komponistin Pauline Viardot-Garcia, die mal wieder zu einem Besuch in Baden-Baden weilte. Einige kleine Liedchen gab sie zu Gehör, die trotz ihres hohen Alters jugendlich frisch klangen. Alle waren begeistert, ein gelungenes Fest, wie Bertha ihrer Freundin Pauline in Weimar schreibt.

Während des Festes und in der nachfolgenden Zeit beobachtet Bertha sehr genau, wo die Wege ihres Karl hinführten, wenn er sich oftmals still und leise davonmachte. Denn, so stand es in dem Brief, Karl habe schon lange ein ‚Verhältnis' mit Elise, der Frau des Verwalters Ferdinand. Und die eine deren Töchter, Marlene, sei gar nicht vom Verwalter, sondern…. Marlene ist oft mit Anna zusammen; Bertha sucht in den Zügen des Mädels nach Zeichen, die eine Verwandtschaft mit Karl nachweisen könnten. Sie findet nichts, rein gar nichts. Das schreibt sie auch Pauline nach Weimar. Was soll sie tun? Karls Gesundheit steht nicht zum Besten, sein Herz macht ihr Sorgen, auch kränkelt er so ein bisschen vor sich hin, er zieht sich zurück, mag die großen Gesellschaften, die Bertha so liebt, nicht mehr. Sie nimmt darauf Rücksicht und beschließt, n o c h kein Aufhebens von dieser Vermutung zu machen, die ihr da zugetragen wurde. Sicherlich hätte sie doch etwas bemerkt; sie kann sich auch nicht vorstellen, dass Karl für solche Dummheiten Zeit gehabt hätte. Er ist ein redlicher Mann, der Kirche und deren Werten zugetan. Aber es stimmt: Ab und an geht Karl in die Verwalter-Wohnung, wie Bertha herausfindet, und kommt danach gut gelaunt ins Schloss zurück.

Ende Oktober: Karl hat einen Herzanfall, der Arzt verschreibt ihm Bettruhe und keinerlei Aufregung. Sie wollten in den nächsten Tagen nach Lehesten zurückfahren. Daran ist aber nicht zu denken. Karls Zustand verschlechtert sich, er steht zwar wieder auf, erledigt die dringendsten Geschäfte. Den Schieferbruch weiß er bei seinem Schwager in guter Obhut, so dass er beschließt, die Wintermonate auf dem Amalienberg zuzubringen. Das Klima ist freundlich, und hier kann er spazierengehen, ohne dass ihn ständig irgendjemand anspricht und etwas von ihm wissen will. Bertha fasst noch immer keinen Mut, ihn bezüglich Elise anzusprechen.

Die Abende werden länger, und es dunkelt früh. Karl eröffnet Bertha, dass er, entgegen den Empfehlungen des Dr. Agra, unbedingt nach Thüringen reisen werde, um nach dem Schieferbruch und seinen Leuten zu sehen, er könne nicht immer nur alles seinem Direktor auflasten. Alle Hinweise auf seinen Gesundheitszustand fruchten nicht. Das herbstlich sonnige Wetter ist dazu angetan, sofort loszufahren. Fritz hat schon in der Bergmann'schen Werkstatt, die er benutzen darf, alles gerichtet und steht abfahrbereit vor dem Schloss. Viel Gepäck braucht Karl nicht, da ja in Schmiedebach alles vorhanden ist. Nur für die Reise ein paar Klamotten, falls doch Regen einsetzen sollte, Wegzehrung und ein paar Akten, die er zur Bearbeitung auf den Amalienberg mitgenommen hatte. Adieu und bis demnächst.

Bertha blickt dem Daimler sorgenvoll nach, nicht dass sie fürchtet, der Wagen könnte Probleme machen, nein, es ist die Sorge um Karl. Einmal sein Gesundheitszustand und zum anderen dieses Gerücht, das sie aus ihren Gedanken nicht verscheuchen kann. Am liebsten wäre sie mitgefahren, um in Weimar Pauline zu besuchen. Einmal, um den Rat der vierzehn Jahre älteren Freundin einzuholen, und zum anderen, um ihr für ein paar Tage beizustehen, denn auch Pauline scheint nicht bei bester Gesundheit. Aber Karl bat sie, auf dem Amalienberg zu bleiben, da er ja bald wieder zurückkehren werde, um hier die notwendige Ruhe zu finden.

Nun, Bertha wird es nicht langweilig, sie hat ihre Kreise in Baden-Baden, wo sie sich gerne per Kutsche hinfahren lässt. Paulines Vater, Hermann von Sachsen-Weimar-Eisenach, war vor ein paar Jahren in Baden-Baden gewesen; er lud Bertha und Karl zu einem Diner ein. Da lernte sie allerhand interessante Menschen kennen, die auch an den beiden „Gaggenauern" Gefallen gefunden hatten.

Konzerte, Ausstellungen und Literatursalons besucht Bertha jetzt regelmäßig. Als wohltuend für Leib und Seele empfindet sie das Friedrichsbad, dessen Thermen und die speziellen Massagen – ein Genuss. Karl ist nicht so dafür zu haben, was Bertha leidtut, denn es würde ihm sicherlich guttun. Er meinte, sein Herz würde da wohl streiken. Sollte er ihre Abwesenheit womöglich für die Schäferstündchen mit Elise genutzt haben? Sie verwirft den Gedanken schnell wieder. Die Kaffeekränzchen im Schloss Rotenfels sind da eine willkommene Abwechslung für das Verdrängen solcher Vermutungen.

Bertha hat ohnehin genug zu tun, besser gesagt, zu üben. Seit einiger Zeit hat sie das Klavierspiel wieder aufgenommen und nimmt Stunden bei einem französischen Pianisten, der sich in Baden-Baden einen Namen gemacht hat. Er verlangt höchsten Eifer und Konzentration. Ehrlich gesagt, findet sie ihn recht attraktiv. Um ihm zu gefallen, übt sie außerordentlich viel, was den Bediensteten im Schloss Amalienberg oft gehörig auf die Nerven geht. Und da Karl in Thüringen ist, nutzt sie seine Abwesenheit zu stundenlangem Üben, Üben, Üben. Das Lob des Lehrers ist ihr gewiss, und sie bringt es sogar soweit, mit ihm im Trio spielen zu dürfen. Sie vergöttert ihn, bemüht sich um seine Gunst und kann mit einem gewissen Stolz feststellen, dass er ihr zugewandt ist.

Berthas Nächte sind unruhig, ihr Gewissen plagt sie, Karl ist schon alt, dennoch darf sie es nicht wagen, einem Jüngeren zugetan zu sein. Rache für Elise? Nein, sie weiß doch gar nicht, ob das alles stimmt, was da in dem Brief steht.

Die Rückkehr von Karl steht bevor – diesmal kommt er mit der Eisenbahn wegen der eisigen Straßen. Es ist Dezember geworden, eine dünne Schneedecke liegt auf den Feldern. Der Amalienberg steht im rotgelben Licht der Abendsonne. Karl atmet auf – was für eine wunderbare Landschaft. Er begrüßt seine Bertha und überschüttet sie gleich mit den Neuigkeiten aus dem Geschehen rund um den Schieferbruch. Er atmet bei dem allem recht schwer und ist einigermaßen erschöpft von der Reise. Zum bevorstehenden Weihnachtsfest ist ein Teil der Familie angereist. Es werden die Gänse geschlachtet und gerupft, die Kartoffelklöße gerollt, das Rotkraut geschnitten, der Wein aus dem Keller geholt, und schließlich zum Entrée knallen die Champagnerkorken, und die selbstgefertigte Gänseleber bekommt das höchste Lob der Verwandtschaft. Zum Mitternachtsgottesdienst geht es in gemeinsamer Prozession aller Amalienberg-Bewohner zu Fuß ins Tal.

Karl machen diese Feste immer mehr zu schaffen, an Silvester zieht er sich deshalb auch früh zurück und überlässt der Gesellschaft, die Bertha eingeladen hatte, das nächtliche Geböllere und Zuprosten zum Jahreswechsel. Es geht ihm immer schlechter, und er bittet ihren gemeinsamen Sohn Emil auf den Amalienberg, um seine Nachfolge zu besprechen. Diese, so war es früher gedacht, sollte eigentlich Karls Sohn Carl aus erster Ehe übernehmen, doch sein früher Tod verhinderte dies. So ist es an Emil, die Wünsche des Vaters zur Kenntnis zu nehmen. Die Verantwortung muss der 34jährige Bergassessor nicht alleine tragen. Sein Onkel Wilhelm, der langjährige Direktor, steht ihm zur Seite.

Es war in der Nacht vom 1. auf 2. April 1903. Bertha fährt aus dem Schlaf hoch, Karl ruft nach ihr, streckt seine Hand nach ihr aus, sie fühlt sich eiskalt an, er atmet schwer, röchelt, wird immer kurzatmiger und stößt einen tiefen Seufzer aus, legt den Kopf zur Seite und ist still. Bertha ruft nach Hilfe, schlägt Karl auf die Wange, ruft seinen Namen, Marie, die Köchin,

Elisabeth, alle eilen herbei in ihren Nachthemden und schauen entsetzt. Fritz reitet los, um den Arzt zu holen, Ferdinand und Elise werden gerufen. Karl hat aufgehört zu atmen – er ist tot. Auch Dr. Agra kann nur noch den Tod feststellen und schließt Karls Augen. Fritz und Ferdinand betten den Geheimrat in eine würdige Haltung, die Hände zum Gebet gefaltet. Bertha holt in ihrer Aufregung einen Tannenzweig und bereits aufgeblühte Forsythien und legt sie auf Karls Leichnam. Große silberne Leuchter werden auf den Nachttischen aufgestellt, und der herbeigeeilte Pfarrer spricht die Totengebete.

Am Morgen wird Karl im glänzend schwarzen Sarg mit einem Fackelzug zum Bahnhof geleitet. Seine Lieblingspferde ziehen den Wagen; Bürgermeister Kohlbecker gibt dem Gutsherrn und Mäzen die Dankesworte der Gemeinde mit auf seine letzte Reise hinaus aus dem Murgtal. Auf dem Friedhof Schmiedebach, in der Nähe des Schieferbruchs, findet Karl seine Letzte Ruhe. Der Bildhauer Hermann Obrist schafft ihm eine prächtige Grabstätte, den „Dom aus Muschelkalkblöcken".

Bertha kehrt nach all den schmerzlichen Tagen des Begräbnisses und der Trauer noch nicht auf den Amalienberg zurück, vielmehr begibt sie sich nach Weimar, um dort ein paar Tage mit Freundin Pauline zu verbringen. Konzerte im kleinen Kreis und Gespräche mit Künstlern und Literaten hellen die Trauerzeit auf, obwohl es auch mit Pauline gesundheitlich nicht zum Besten bestellt ist. Ein Jahr und einen Monat nach Karls Tod wird auch die Freundin zu Grabe getragen.

Bertha hätte es gerne gehabt, dass Emil seine Hochzeit auf dem Amalienberg feiert. Doch die Geschäfte erlauben es ihm nicht, so reist sie zur Hochzeit ihres Sohnes Emil mit Leni aus Wiesbaden in die Thüring'sche Heimat. In IHRER weißen Villa überm Schieferbruch wird alles aufs Feinste hergerichtet, um die Hochzeitsgesellschaft standesgemäß zu bewirten und der Feier einen würdigen Rahmen zu geben.

Nach Berthas Tod im Jahr 1919 – sie war nach Wiesbaden gezogen – erbt Emil den Amalienberg. Seine fünf Kinder werden in Thüringen geboren. Seiner Schaffenskraft setzt allerdings sein früher Tod ein Ende. Die Kinder waren noch zu jung für eine Nachfolge, so dass Willibald, der Sohn von Berthas Bruder Wilhelm, den Schieferbruch leitet. Er richtete ihn fast zugrunde; die weltweite Wirtschaftskrise tat ihr Übriges dazu. Bertha musste

zum Glück auch nicht erleben, dass eben dieser Willibald „zu Tode" kam
– so bezeichnete man vornehm einen Suizid. Und sie musste nicht erleben,
dass Leni, die Frau ihres verstorbenen Sohnes Emil, mit jenem „Schurken"
Willibald einem „on dit" zufolge, ein Verhältnis hatte. Den Beweis meinte
man darin zu finden, dass sie sich zehn Tage nach dessen „zu-Tode-kom-
men" vor ihren Schwestern die Kehle durchschnitt – „on dit" aus Liebes-
kummer…

„Mitten in den Kellerräumen fanden wir einen Durchbruch mit Stollen-
zugang vor, den wir mit unseren Lampen nicht einmal bis zum Ende aus-
leuchten konnten (da ich meine Maglite vergessen habe). Wofür war dieser
Stollen da, was hatte er für einen Zweck? *3

„1935 beginnt der Schiefertiefbau im ‚Südwest-Feld' des Oertelsbruchs,
die entstehenden Stollen und Abbauräume werden später für das Rüs-
tungswerk verwendet und ausgebaut. Nach dem deutschen Überfall auf
Polen verliert das Unternehmen Oertel durch Einberufungen und die Ab-
kommandierung in Rüstungsbetriebe schrittweise einen Großteil seiner
Belegschaft, auch Teile der Abbautechnik werden verlegt. Spätestens ab
Anfang 1940 setzt die Firma Oertel polnische Zwangsarbeiter ein. Anfang
1942 hat der Betrieb noch 158 Arbeitskräfte (ohne Angestellte), davon 21
Polen. Daneben beschäftigt der Betrieb auch französische Zwangsarbeiter.
Die Konzentrationslager wandelten sich nun von einem reinen Instrument
des Terrors, der Einschüchterung und der Vernichtung zu einem zuneh-
mend wichtigen Faktor in der Rüstungsindustrie. Die meisten Insassen der
Außenlager waren Ausländer, so auch im Außenlager Laura." *4.

Anmerkungen:
Von der Landwirtschaft auf dem Amalienberg inspiriert, brachte Bertha damals Karl auf die Idee, oben überm Steinbruch das Ackerland „Laura" zu nutzen, um landwirtschaftliche Erzeugnisse herzustellen, die sie zu günstigen Preisen an ihre Arbeiter, Beamten und auch an die umliegenden Anwohner abgaben.
Das Außenlager Laura war eine Außenstelle des KZ Buchenwald.

Nachweise:
*1 und *3 www.lostplaceerfurtundumgebung.wordpress.com
*2 Theodor Humpert, Aus der Heimat, Wöchentliche Beilage zur Rastatter Zeitung, Nr. 25, v. 25. Juni 1923 und Nr. 26, v. 3. Juli 1923
*4 www.kz-gedenkstaette-laura.de

Quellen:
125 Jahre Automobil, Theo Bergmann
Automobilhistorische Gesellschaft e.V.
C.N. und A.M Williamson, „Der Blitzchauffeur", ca. 1910
Dr. Edith Bauer, ehem. Mit-Erbin Amalienberg
Mercedes-Benz Classic, Archive & Sammlung
Stadtarchiv Gaggenau
Willi Echle, Gaggenau in der Vergangenheit, 1968
www.geocoach.de

Dagmar Uebel

Ü 65 Jahre

Rentnerin,
Diplom Graphik-Designerin

Dagmar Uebel

Manchmal staune ich, wieviel Kindheit ich mir erhalten konnte. Schrieb ich schon in meiner Schulzeit gerne Hausaufsätze und probierte mich in Malstilen aus, schreibe und male ich auch heute noch, wenn immer ich Zeit dafür finde. Zur großen Künstlerin reichte es nach Abitur und Studium (Typografie und Grafik) zwar nicht, doch zu wunderbaren Berufsjahren als diplomierter Grafik-Designerin für mehrere Verlage in Berlin, später in Rastatt, Lahr und Pforzheim. Was ich jedoch, soweit ich mich erinnere, auch schon immer nach Feierabend gelegentlich schrieb, wurde nach Rentenbeginn fast zur Sucht. Oft sind es die kleinen Gedanken, die in schlafarmen Nächten entstehen, bei geschlossenen Augen wunderbar reifen, aber auch manchmal bei Tagesanbruch wie Seifenblasen zerplatzen. Ein prüfender Blick auf ein nächtlich notiertes Stichwort oder einen ganzen Gedanken hilft am Morgen, die sprichwörtliche Spreu vom Weizen zu trennen. Mitunter sind es aber auch Themen, die tagelang nach Formulierung drängen, und schließlich in ausgedruckter Form in meinem breitrückigen Ordner im Regal Platz finden. Öffentlich werden meine Zeilen, die ich glücklicherweise für das BT (Badisches Tagblatt) schreiben darf. Ob Versammlungen, beeindruckende Konzerte, Ausstellungen oder Porträts: Ich erlebe Interessantes und viel Schönes, darf darüber schreiben und lerne Menschen kennen, die mir sonst vielleicht fremd geblieben wären.

Dagmar Uebel

Heimkommen

DAS Dorf, in dem wir leben, hat kein Kaufhaus. Keine Straße zum Bummeln, Schauen und Kaufen. Im Schloss keine weltberühmten Kunstschätze. Kein Künstler von Weltruhm, der nach Auftrittsterminen in unserem Kulturtempel anfragt. Ich liebe Bummeln, großartige Konzerte und Gemälde, und seine dörfliche Beschaulichkeit macht mich ungerecht: „Das Leben ist woanders. DEIN Dorf ist eine Zumutung, ich will zurück in die große Stadt."

Die Tage kommen und die Tage vergehen. Drei Wochen Großstadt. Die Sinne lang entbehrter Buntheit schließlich müde geworden.

Auf der Rückfahrt fältelt sich die grüne Landschaft. Und was leuchtet dort im Schutz der grünen Bäume? Kleine helle Häuser am Hange des Schlossbergs. Wir lächeln und freuen uns. „Siehst du das Schloss? Endlich wieder zu Hause – in UNSEREM Dorf."

Schlechte Laune

Beim Erwachen lagen Schatten auf meinen Gedanken. Sie machten Morgenlicht grau und verschlossen meinen Mund. Von misslicher Laune beschwert, ging ich hinüber ins Kinderzimmer. Obwohl noch zeitiger Morgen, war der Raum schon erhellt von blassem Sonnenlicht. Es erstrahlte streifig auf dem Boden, lag wie eine wärmende Decke auf dem Sternchenmuster des Kissens. Kühler Wind bauschte die Vorhänge, er brachte das Windspiel zum Klingen, und ich hielt den Atem an.

Über das Bett gebeugt, beobachtete ich das gleichmäßige Heben und Senken der schmalen Kinderbrust, lauschte nach leichtem Atmen.

Die Augen hinter geschlossenen Lidern bewegten sich, die Hände, leicht zu Fäusten geballt, mit Fingernägeln, hell schimmernd wie Perlen einer Kette. Leises Seufzen und tiefes Atmen. Ich streichelte über das flaumige, warme Köpfchen, flüsterte lautlos seinen Namen. Ein kurzes Lächeln huschte über das schlafende Gesicht.

Beim Aufblicken hatten Sonnenstrahlen den Raum mit goldhellem Schein durchflutet, die letzten Nachtschatten in die fensterlose Ecke verdrängt.

Ich dachte an den begonnenen Tag, durchwanderte mit meinem Enkel kommende Sommer, sah uns toben, streiten, lachen.

Und ich merkte, wie meine Gedanken hell geworden waren.

Was wäre wenn...

Wäre dann das Schwarz samtiger,

das Rot milder

und das Gelb sonniger?

Meine Welt – wäre sie runder, der Himmel höher

und ich am Ziel jugendlicher Träume?

Vielleicht.

Aber: Wäre ich dann noch ICH?

Melanie Wieland

37 Jahre

Fotografin, Grafik-Designerin

Melanie Wieland

Melanie Wieland interessierte sich schon früh für die Fotografie und ihre Heimat. Von 2000 bis 2003 absolvierte sie ihre Berufsausbildung zur Fotografin in Karlsruhe an der Carl-Hofer Schule.

Nach einer Zeit in der Praxis studierte sie an der Kunst- und Bilder Bühne in Gaggenau / FH Pforzheim Grafik Design. 2009 schloss sie ihr Studium mit ihrer Diplomarbeit ab.

Heute arbeitet sie als Fotografin und Bildredakteurin in Baden-Baden.

Die Kunst und die Natur, Medien, Tiere und Menschen findet sie schon immer sehr spannend.

„Wenn ich Menschen vor meiner Kamera habe, bekomme ich immer ein Lächeln.
In welchem Beruf hat man das schon?

Gibt es die Schokoladenseite? – Ja klar! – Jeder Mensch hat seine Schokoladenseite.

Die Herausforderung ist es, bei jedem diese süße Tatsache zu erkennen."

Das spannende und schöne Projekt „Literarische Frauenzimmer" im Katz'schen Garten fotografieren zu dürfen war für mich Freude und Herausforderung zugleich.

Melanie Wieland

Signe Hanselmann-Katz
Wie sich die Zeiten ändern
Erinnerungen an meine Kindheit und Jugend

2021, 132 Seiten, Taschenbuch
ISBN 978-3-938047-83-5

In der Generation von Signe Hanselmann-Katz gibt es viele Menschen, die sehr starke und auch ganz frühe Erinnerungen an die Kriegs- und Nachkriegsjahre haben und darüber teilweise erst im Alter oder lieber gar nicht sprechen. Doch die meisten können auch von glücklichen oder lustigen Momenten erzählen. Für die nachfolgenden Generationen ist es immer wieder interessant zu sehen, wie gewaltig sich das Leben in den letzten 80 Jahren verändert hat, und vielleicht tragen solche Erinnerungen dann auch dazu bei, das Verhalten der Eltern und Großeltern besser zu verstehen.

„Meine erste Erinnerung geht sehr früh zurück, ich war damals erst etwa 11 Monate alt. Es war der Bombenangriff auf Lübeck. Ich weiß noch genau, dass das Körbchen, in dem ich schlief, am Vorplatz vor dem Schlafzimmer meiner Eltern stand. Es war schon dunkel und meine Schwester Karin kam die Treppe herauf, sie wirkte sehr aufgeregt und ängstlich. Sie schaute aus dem Fenster und sagte immer wieder es brennt, es brennt. Im Winter, wenn die Bäume kein Laub haben, kann man von unserem Vorplatz aus sehr gut die Türme von St. Marien sehen.
Ich habe meine Mutter viele Jahre später einmal gefragt, ob es möglich wäre, dass der Stubenwagen einmal dort gestanden hat und sie antwortete mir, woher weißt du das? Weil ich mich erinnere. Noch heute, wenn es im Winter ein besonders schönes Abendrot Richtung Marienkirche gibt, sieht es für mich aus, als ob es brennt. Dass ich meine ganze Kindheit hindurch panische Angst vor Feuer hatte, führe ich auf diese frühe Erinnerung zurück."

Casimir Katz Verlag
Bleichstraße 20-22 · 76593 Gernsbach, Deutschland
Tel. +49 7224/9397-517 · E-Mail: info@casimir-katz-verlag.de
www.casimir-katz-verlag.de

Leonore Mayer-Katz

Sie haben zwei Minuten Zeit!

Eine starke Badnerin im Kampf um Gerechtigkeit und Gleichberechtigung

2021, 138 Seiten, Taschenbuch
ISBN 978-3-938047-85-9

Leonore (Nona) Mayer-Katz, geboren 1912, musste im Dritten Reich als „Jüdischer Mischling 1. Grades" viele Einschränkungen hinnehmen. Mitte April 1945 wurde sie Sekretärin des Baden-Badener Oberbürgermeisters. Dank ihrer Sprachkenntnisse und ihrer Fähigkeit, ungewöhnliche Lösungen zu finden, wurde sie zu einer geschätzten und erfolgreichen Vermittlerin zwischen Stadtverwaltung und französischer Besatzungsmacht.

Im Mai 1945 machte sie sich mit viel Mut und Einfallsreichtum auf den gefährlichen Weg durch die Besatzungszonen, um ihre Mutter, die 1944 nach Theresienstadt verschleppt wurde, wieder nach Baden-Baden zu holen. Nach dem Krieg wurden auch in Baden-Baden die Entnazifizierungsprozesse angestoßen. Als Vorstandsmitglied des Frauenrings hörte Leonore Mayer-Katz von dem Verantwortlichen den Satz: „Sie haben zwei Minuten Zeit, mir Ihr Anliegen vorzutragen." In diesen zwei Minuten schafft sie es, den Offizier zu überzeugen und erreicht damit eine Revision des Entnazifizierungsverfahrens.

Nona Mayer-Katz war überzeugte Demokratin. 25 Jahre war sie FDP-Stadträtin in Baden-Baden. Sie engagierte sich im evangelischen Kirchengemeinderat und der evangelischen Landessynode sowie in der Brahmsgesellschaft. Besonders wichtig war ihr die Arbeit im Frauenring, dessen Mitbegründerin und Vorsitzende sie war. 1981 wurde sie mit dem Bundesverdienstkreuz ausgezeichnet. Sie starb am 31. Januar 1988.

In dem Roman „Die Holzbarone" ihres Cousins Casimir Katz spielt sie eine bedeutende Rolle, und so trägt auch die Figur der Elli in der Verfilmung „Die Holzbaronin" deutliche Züge von Nona Katz.

Casimir Katz Verlag

Bleichstraße 20-22 · 76593 Gernsbach, Deutschland
Tel. +49 7224/9397-517 · E-Mail: info@casimir-katz-verlag.de
www.casimir-katz-verlag.de

Alexander Hoff

Kesselkohl und Kirschenplotzer

Ein kulinarischer Streifzug durch 800 Jahre Gernsbach

2019, 192 Seiten, gebunden
ISBN 978-3-938047-79-8

Kennen Sie das auch? Dass ein bestimmter Duft Erinnerungen weckt – an die Kindheit, an einen Besuch bei den Großeltern, an einen lauen Sommerabend, an die Heimat? Und verknüpfen wir nicht ganz häufig diesen Geruch mit der Erinnerung an ein ganz besonderes Essen?

Folgen Sie uns mit diesem Kochbuch auf eine kulinarische Reise durch 800 Jahre Gernsbacher Geschichte. Lassen Sie sich überraschen von den Aromen mittelalterlicher Küche, von Leckereien aus der Renaissance und Köstlichkeiten aus vergangenen Jahrhunderten, aber auch von einfallsreichen Rezepten aus der Zeit des Mangels und von Gerichten, die aus Regionen stammen, die mit Gernsbach verbunden sind. Für alle Rezepte gilt: Guten Appetit!

Jeder Epoche mit ihren passenden Rezepten ist ein Kapitel vorangestellt, in dem erläutert wird, was für diese Zeit typisch war, was für die Gernsbacher Bevölkerung von Bedeutung war und welche Einflüsse diese Ereignisse auf die regionale Küche hatten. „Zu Gast beim Grafen Eberstein – ein Essen auf der Burg" oder „Tafeln im Zeitalter der Renaissance" entführen uns in die Welt der üppigen, reich gedeckten Tafeln. Mit welchem klassischen Sonntagsessen könnte sich wohl Karl von Drais am 27. Juli 1817 vor seiner anstrengenden Bergfahrt in einem Gernsbacher Wirtshaus gestärkt haben? Wie brachten findige Hausfrauen im Hungerwinter 1916/17 aus Graupen und Rüben Wohlschmeckendes auf den Tisch? Was haben unsere jüdischen Mitbürger vor 1933 an besonderen Feiertagen gegessen? Und welchen Einfluss hatten unsere Gastarbeiter auf unsere Küche in den 50er und 60er Jahren?

„Kesselkohl und Kirschenplotzer" ist mehr als ein Kochbuch mit köstlichen Rezepten und brillanten Fotografien – es ist auch ein Heimatbuch im besten Sinne, das in keinem Bücherregal fehlen sollte.

Casimir Katz Verlag

Bleichstraße 20-22 · 76593 Gernsbach, Deutschland
Tel. +49 7224/9397-517 · E-Mail: info@casimir-katz-verlag.de
www.casimir-katz-verlag.de